KB236160

사교와 놀이 그리고 담론의 멋스러운 풍경

유럽 카페 산책

초판 1쇄 발행 2005년 12월 10일
초판 3쇄 발행 2007년 4월 16일

지은이 이광주
펴낸이 정차임
디자인 강이경
펴낸곳 도서출판 열대림
출판등록 2003년 6월 4일 제313-2003-202호
주소 서울시 마포구 동교동 156-2 마젤란21 오피스텔 503호
전화 332-1212
팩스 332-2111
이메일 yoldaerim@korea.com

ISBN 89-90989-15-9 03900

＊ 잘못된 책은 바꿔드립니다.
＊ 값은 뒤표지에 있습니다.
＊ 저작권자 확인 불가로 부득이하게 사용 허가를 받지 못한 일부 도판은 저작권자가
  확인되는 대로 절차에 따라 계약 후, 적절한 저작권료를 지불하겠습니다.

유럽 카페 산책

사교와 놀이 그리고 담론의 멋스러운 풍경

이광주 지음

열대림

$\mathcal{C}$ontents ___

산책을 시작하며

카페, 사교와 놀이 그리고 담론

카페에서는 누구나 일터와는 전혀 다른 사람으로 변신한다.
그곳에서 자신의 숨겨진 자질을 발견하고 장래의 꿈을 기른다.
— 브루노 캇실러(독일의 출판인)

유럽적인, 참으로 유럽적인

1944년 8월 25일, 파리가 독일 점령군으로부터 해방되었다. 해방을 알리는 노트르담 대성당의 종소리에 맞추어 남녀노소 모두가 승리의 함성을 올리며 거리로 쏟아져 나왔다. 오랫동안 어둠에 파묻혔던 파리가 지각 변동을 일으키듯 한순간에 환히 소생하였다. 사람들은 성당을 혹은 개선문 무명용사의 묘를 찾았다. 그리고 이어서 그들이 찾은 곳은 다름아닌 카페였다.

해방과 평화의 도래는 파리지엔에게 무엇보다도 카페의 부활로 다가왔다. 피점령하에서 단골들이 기약도 없이 하나둘 자취를 감추면서 빈 집처럼 생기를 잃었던 카페가 다시 활짝 되살아났다. 구면의 친지들, 처음 보는 얼굴들, 카페의 주인과 객들 모두가 부둥켜 안고 재생을 확인하였다. 그들은 말을 되찾고 담론을 꽃피우면서 오랫만에 카페의 향과 맛, 그 분위기에 젖었다. 얼마나 기다렸던 축제의 시간인가. 그날, 파리의 카페에서 일어난 일들은 해방을 맞은 모든 프랑스의, 아니 모든 유럽의 도시와 마을 카페에서 똑같이 되풀이되었다.

유럽의 거리 풍경에서 멋스러운 것 중 하나는 카페가 펼쳐주는, 따스하고 그윽한 정경이다. 크고 작은 도시의 거리 여기저기, 골목길, 광장에는 으레 카페가 자리잡고 있다. 인적이 드문 작은 마을도 마찬가지이다. 유럽 거리의 아침은 검은 바지, 흰 상의를 걸친 단정한 가르송이 카페 테라스 테이블에 새하얀 식탁보를 마련하는 데서부터 시작된다. 그리고 그가 그것을 도로 거둬들일 때 거리는 밤 속으로 잠든다.

커피와 차 문화가 낳은 카페와 카페 문화는 참으로 유럽적인 토포스. 카페를 들여다보면 그 거리, 그 도시의 표정이, 그곳 사람들의 심상 풍경이, 그리고 유럽이 엿보인다.

커피나 차가 유럽에 전래된 것은 17세기이며 카페가 생겨난 것은 그 얼마 뒤 17세기 중엽에 이르러서이다. 카페의 기원은 커피 문화의 시배지(始培地)인 이슬람 세계 터키의 이스탄불로 거슬러 오른다. 그러나 이슬람 세계에서는 커피를 일상적으로 즐기면서도 카페 문화는 깊이 뿌리를 내리지 못하였다. 이러한 사정은 차의 나라 중국에서도 마찬가지였다.

당대(唐代) 차문화가 뿌리를 내리면서 낙양을 비롯하여 많은 도시에는 다관(茶館) · 다루(茶樓) · 다장(茶莊) · 다호(茶戶) · 다정(茶亭) ·

다방(茶房) 등으로 불리는 찻집들이 처마를 잇대고 객을 불러들였다. 그러나 그것도 한때일 뿐 중국에서도 다관 문화는 크게 발전하지 못하였다. 카페 문화가 왜 이슬람 세계나 중국에서 발전하지 못하고 오직 유럽에서만 발전하였을까. 그 이유는 어렵지 않게 풀리는 성싶다.

카페는 자유로운 담론과 열린 사교의 장, 그리고 그 모태는 자유롭고 열린 근대적인 도시이다. 유럽은 봉건적인 중세에도 '도시의 공기는 자유롭다'고 하였던가. 신분이나 성별, 연령으로부터도 자유로이 담론과 사교를 즐길 수 있는 도시 속에서 카페 문화는 비로소 발전할 수 있었다. 자유롭게 열린 도시를 갖지 못하고 찻잔이 놓

이탈리아 소도시의
어느 카페 풍경

옛 수도원에서도
차를 즐겼다.

인 자리를 '넓은 것에는 마땅하지 않다' 며 다석(茶席)에 7~8인이
넘으면 '잡스럽다' 하여 기피한 우리의 전통사회에서 다관, 다정
문화를 어떻게 바랄 수 있었을까. 차 문화는 오히려 선사(禪寺)나 문
인들의 초암(草庵)에서 향을 풍겼다.

사실 17세기 유럽의 시민사회는 자유의 맛과 함께 커피와 카페
의 맛을 즐겼으며, 카페에 드나들면서 사람들은 더욱 자유를 누렸
다. 왜냐하면 담론과 사교의 사랑방인 카페는 또한 일상적인 것, 일
상성으로부터 해방된 공간이기도 하였던 것이다. 그렇듯 카페 문화
는 자유롭게 열린 근대적인 도시의 문화현상이며, 그 밑바닥에는

유럽 문화의 주요 특징인 담론과 사교의 풍토가 깔려 있다.

담론과 사교의 문화는 고대 그리스와 로마 시대로 거슬러 올라
간다. 먼저 담론 문화에 대해 살펴보자. 고대 그리스, 아니 유럽 최
초의 스승 소크라테스는 말이 많았다. 그리고 유럽의 영원한 고전
으로 일컬어지는 호메로스의 서사시에 등장하는 인물들도 모두가
다변이다. "처음에 말이 있었노라." 말은 담론과 사교로 이어졌다.
그리스 로마 시대, 담론의 학문인 철학은 '말'의 학문인 수사학(문
학)과 함께 교양(파이데이아)의 핵심을 이루었다. '훌륭하게 이야기
하는 것'은 훌륭히 생각하는 것, 자기를 표현하고 남과 이웃하고 벗
이 되는 것을 뜻하였다.

담론과 사교 문화의 발신처는 아테네의 아고라(agora)였다. 원래
'시장'을 뜻하는 아고라는 '광장' 및 '담론'을 의미하게 되고 그
것은 바로 '담론하고 이웃과 사귀기 위해 모이는 장소'를 뜻하게
되었다. 아고라의 기능은 로마시대에 이르러서는 똑같은 의미를 지
닌 플라자(plaza) 및 포럼(forum)에로 이어졌다.

오늘날 우리는 유럽의 크고 작은 도시, 그리고 마을에서조차 광
장과 만난다. 그것은 시민 공동체의 결합과 연대, 정체성의 토포스
이며 담론과 사교라는 유럽 문화의 상징적인 토포스이다. 우리는
17~18세기 이래의 카페 문화를 중세에서도 면면히 이어진 광장 문
화의 선상에서 이해할 수 있을 것이다. 그런데 카페 문화에 앞서서
살롱 문화가 먼저 생겨났다.

맛과 향과 색깔도 다양한 갖가지 커피 블렌드

살롱, 사교에서 철학적 담론으로

유럽 살롱의 전아한 문은 1613년경 파리 루브르 궁에서 가까운 랑부예 후작부인(1589~1665)의 저택, '푸른 방'에서부터 열렸다. 그러나 살롱의 기원은 고대 그리스 아테네와 로마로 거슬러 올라간다. 플라톤의 『심포지온』에서 볼 수 있듯이 기원전 4~5세기경 아테네에서는 귀족들이 심포지온(향연)을 즐겼다. 거기서는 포도주 잔을 주고받으며 갖가지 주제를 내걸고 담론과 사교를 즐겼다. 오늘날 심포지움의 기원이며 살롱 문화의 기원 그리고 카페 문화의 기원으로도 여겨진다.

당시의 '살롱'에서는 여인의 그림자를 볼 수 없었으나 특별한 예외로서 우리는 훗날의 살롱 '귀부인'처럼 행세한 고급 기녀(妓女) 아스파시아(Aspasia, 기원전 428년 이후 작고)의 이야기를 지나칠 수 없다. 그녀는 소크라테스와도 사귀고 그리스 최고의 정치가인 페리클레스와 결혼까지 하였다. 새삼 그 미모와 교양이 범상치 않았으리라 여겨진다. 한편 로마시대의 문인 아테나이오스가 쓴 요리와 연회에 관한 저술 『현자들의 식탁』(192년경)은 각계의 명사들이 연석에서 주고받은 다양한 화제들을 주워담아 참으로 17~18세기 프랑스의 살롱을 방불케 한다.

고대 그리스 로마의 사교가 지향한 것은 '예절(civility)'이었다. 예절은 성직자와 기사 집단이 다스린 중세에는 잊혀졌다가 12세기

르네상스 이후, 특히 15세기에 이르러 '궁정풍' 사교로서 귀족사회의 주요한 삶의 양식으로서 되살아났다. 그리고 그것은 16세기 르네상스에 이르러서는 에라스무스가 강조하였듯 인문주의적 인간 형성, 즉 교양의 주요한 덕목이 되었다. 이제 랑부예 부인의 살롱을 들여다보자.

로마에서 성장한 랑부예 부인은 프랑스에 돌아오면서 이탈리아풍의 좋은 '취미'를 파리에 옮기기로 마음먹고 르네상스 시대 이탈리아에서 생겨난 귀족풍의 '살로네(salone)'를 본받아 자신의 저택에 살롱을 차렸다. 17세기 프랑스는 오랜 전쟁 뒤에 평화와 안정을 찾아 귀족과 상층 부르주아들은 이탈리아풍의 취미와 사치, 삶의 기쁨을 누리길 바랐다. 그것은 사교와 교양의 시대, 그리고 여인들의 시대의 도래를 뜻하였다.

랑부예 부인의 살롱 손님은 귀족과 고위 성직자, 그에 더해 시인, 작가도 끼어들었다. 어느 인사는 그녀의 살롱을 "세계 최고의 궁정 멋쟁이들의 모임"이라고 찬미하였다. 교양과 미모, 그리고 그 자신의 전용 독서실도 지녔던 랑부예 부인의 살롱은 프랑스 최초의 '문학 살롱'이 되었으니 당대 최고의 작가인 코르네유는 그의 작품 『폴리왹트』를 극장에서 상연하기에 앞서서 그 살롱에서 낭독하였다. 랑부예 부인의 살롱의 성공은 파리 사교계에 큰 화제가 되어 많은 귀부인들이 그를 본받아 살롱을 차리게 되었다. '그랑 담(Grand dame, 귀부인)'이라고 불린 살롱 여주인들은 대개가 명문 귀족 출신

카페는 삶의 고독을 달래준다.

으로 그들의 남편 또한 대개가 귀족이었다.

그런데 살롱에서는 예절과 함께 법도가 지켜지게 마련이었다. 교양을 전제로 한 신분적 위계와 격식의 배제, 세련된 매너, 여성에 대한 존중 그리고 순화된 말씨가 그것이다. "문체(文體)는 사람됨을 말한다"고 하지만 '말' 이야말로 사람됨을 의미한다. 우리의 옛 선비사회도 그러하였거니와(言語君子之樞機) 살롱 또한 반듯한 말씨를 가장 귀하게 여겼다.

그러면 당시 살롱에서 주고받은 화제는 무엇이었을까. 그에 관해서는 당대 최고의 살롱 사교가이던 라 로슈푸코 공작의 『잠언과 고찰』(1665)이 많은 것을 우리에게 전해준다. 그에 따르면 사랑, 자만, 운명, 여인, 허영심, 광기, 연애, 행복과 더불어 자기애, 정념, 에스프리(지성), 나태, 우정, 미덕, 욕심, 젊음 등이 살롱 귀족이나 귀부인들의 큰 관심사였던 성싶다. 그렇듯 초기의 살롱은 귀족적인 취향이나 관심사가 대화나 담론의 주류를 이루었다. 그러면서도 차차 시대의 지적 흐름에 가까이 다가갔다.

18세기는 계몽주의적 담론의 시대, 담론하는 철학자는 바로 시대의 주역이 되고 그들은 살롱에 드나들면서 살롱의 모습을 바꾸어 놓았다. 이른바 '철학 살롱'의 등장이다. 철학 살롱의 대표격인 랑베르 부인(1647~1733)의 살롱에서는 냉대받아 온 소귀족과 특히 제3신분 출신의 철학자들이 중심이 되고 교회와 종교에 대한 비판이 화제의 큰 관심사가 되었다. 그리고 그곳에서는 프랑스의 교양과 지식 사회의 최고 영예인 아카데미 프랑세즈 회원의 인선도 미리 정해지다시피 하였다. 살롱은 하나의 문화권력이 된 것이다. 훗날 카페가 그러하였듯이.

당시 또 하나의 대표적인 살롱으로 우리는 탕생 후작부인(1682~1749)의 살롱을 들어야 할 것이다. 그녀의 살롱에는 퐁트넬, 미라보, 라 모트, 프레보, 몽테스키외, 볼테르 등 문인, 철학자들이 단골로 드나들었다. 거기에서 프레보는 자신의 작품 『마농레스코』를, 몽테스키외는 『법의 정신』을, 그리고 볼테르는 그의 희곡작품을 낭독하였다. 오늘날에도 유럽의 여러 도시에서 관행처럼 열리고 있는 문예작품의 낭송 모임은 탕생 부인의 살롱에서 유래되었다. 그녀의 살롱에서는 또한 의학 및 자연과학이 처음으로 담론의 주제가 되기도 하였다.

그 밖에 담론을 정치의 영역에까지 넓힌, '하잘것없는' 시민계급 출신의 조프렝 부인(1699~1777)의 살롱에는 루소, 디드로, 달랑베르, 돌바크, 마르몽텔, 엘베시위스 등 18세기 프랑스를 대표하는 지성과 독일의 작가 그림, 영국의 역사가 기번, 철학자 흄 등도 출입하였다.

살롱의 귀부인들 중에는 『클레브의 마님』의 작가 라 파예트, 서간문학의 세비녜 부인과 같은 프랑스 문학사를 빛낸 뛰어난 여류 작가도 있었으며, 루소에 심취하여 프랑스 혁명 때 자코뱅파에 의해 처형된 롤랑 부인과 같은 정치적 투사도 나왔다. 루소는 바랑 부인과의 10년에 가까운 만남의 세월을 "완전히 나 자신이며, 나 자신이 정말 살았었노라고 말할 수 있는 시기"라고 회고하였다. 그만큼 살롱의 귀부인들 중에는 뛰어난 여성이 적지 않았으며 그녀들과 문인, 철학자들 사이에는 염문이 끊이지 않았다. 그리고 우리는 또 신지식에 눈을 뜬 이른바 '재녀(才女, précieuse)'라고 불린 신여성들이 즐겨 살롱에 출입한 사실도 간과할 수 없다.

한편 철학자 엘베시위스와 돌바크 남작 등 남성이 주관한 철학 살롱에서는 금단의 주제이던 유물론, 무신론까지도 담론의 탁상에 올랐다. 프랑스 혁명은 일부 소귀족, 계몽주의 사상에 물든 귀족들로부터 일어났다고 한다. 그런데 그들이 혁명사상의 세례를 받은 곳은 바로 철학 살롱과 그리고 거리의 열린 살롱, 카페였다.

17세기 프랑스는 부르주아의 세기라고 한다. 그런데 '철학 살롱'의 분위기 또한 여전히 귀족적이었다. 그러나 17~18세기 프랑스 귀족 신분의 절반 이상은 부르주아 출신의 이른바 법복(法服) 귀족이었다. 봉건 귀족들, 즉 이른바 대검(帶劍) 귀족도 적지 아니 철학 살롱에 드나들었다. 그들은 살롱의 '철학화'를 불안한 예감을 안고 바라보았으나 문학과 철학의 '탁월성'에 날로 끌려들어 갔다. 한편 살롱 문화 속에서 부르주아 출신의 문인, 철학자들은 봉건 귀족들의 궁정풍의 사교적 가치체계를 그리고 그것을 구현한 오네톰(honnête homme)의 이상을 귀히 여겼다.

살롱은 17세기 이후 나타난 신구 귀족간의, 귀족과 부르주아 사이의 문화적·사회적 교류와 융합의 슬기로운 터전이 된 것이다.

그렇듯 살롱은 근대적인 지성(esprit)과 문예(belles-lettres)의 교양을 두루 갖춘, 프랑스풍의 이상을 구현한 오네톰, 궁정풍 사교가의 모태이며 요람이었다. 루소는 살롱이 지닌 외면치레(preciosity)에 위화감을 느끼면서도 살롱과 살롱 문화를 높이 평가하였다. 그의 말에 귀기울이자.

"(살롱풍의) 그 예절에 의해 우리의 세기와 우리 국민은 바로 모든 시대, 모든 민족보다 탁월한 것이 되리라. 현학적인 냄새를 풍기지 않는 철학자풍의 모습, 게르만의 조잡함이나 알프스 저쪽(이탈리아)의 지나친 그리스도교로부터도 똑같이 거리를 둔 자연스럽고 절제 있는 태도, 이것이야말로 유익한 다짐에 의해 사교계 속에서 완성된 취미의 성과이다."

1789년 혁명이 이룬 시민사회는 살롱의 모습을 바꾸어놓았다. 19세기 후반 여류작가 조르주 상드의 살롱에서 보듯이 세기말적 보헤미안의 기풍이 짙게 깔린 살롱이 연이어 출현하였다. 그리고 그곳에서는 화가 들라크루아와 그를 닮은 방랑적 예술가들이 자주 모였다. 그렇듯 살롱의 변모한 모습은 바야흐로 카페 문화의 도래를 예고하였다. 그러나 앞에서 루소가 적절히 지적하였듯 살롱의 본질적 성격, 그 귀한 덕목은 대체로 그대로 이어졌다. 그리하여 유럽 여러 도시, 여러 곳에 프랑스의 살롱을 본받아 많은 살롱과 많은 클럽 그리고 카페가 생겨났다.

담론과 사교 및 놀이가 삼위일체를 이룬 유럽적 삶의 양식의 상

파리 어느 카페의 테라스

징적 토포스인 살롱 그리고 카페 문화의 반듯한 발신처인 살롱, 살롱을 들여다보면 카페가 보인다.

카페, 또 하나의 창조적 공방

우리는 왜 카페에 찾아가는 것일까. 그곳 커피나 차가 좋아서일까? 반드시 그렇지만은 않다. 카페는, 일정한 목적을 지니고 찾는 약방이나 식당, 책방이나 극장 등과는 다르다. 우리는 카페가 좋아서, 그저 거기에 가고 싶어서 카페를 찾는다. 오스트리아 빈의 어느 카페맨은 카페를 가리켜 "포도주 집의 주역은 포도주, 맥주홀의 주역은 맥주, 식당의 주역은 먹을거리다. 그런데 카페에서는 카페(하우스) 자체가 커피보다 훨씬 주요하다"라고 말하였다. 참으로 지당한 명언이다.

사람들은 저마다 나름의 이유나 구실을 가지고 카페를 찾는다. 커피 생각이 나서, 친구와의 만남 혹은 비즈니스를 위해서. 카페는 랑데부를 위한 장소이기도 하고 산책길에 훌쩍 들르고 혹은 혼자가 되고 싶어서 찾는 곳이기도 하다. 그래서인지 카페에 앉은 사람들의 모습이나 연령, 신분이나 표정 그리고 복장도 참으로 가지각색이다.

카페에 들어설 때 너와 나 우리 모두는 사회적 신분이나 지위, 일터와 가정이라는 잡스러운 일상성으로부터 해방된, 심지어 나 자신까지도 잊은 익명의 개인이 된다. 그만큼 카페는 일상적인 시간과 다른, '한가'롭고 '자유'로우며 '일탈'된 가벼움의 공간이다. 그리고 카페는 또한 이렇다 할 목적도 없이 그저 걷고 싶고 스스로 이방인이 되고 싶은 이들의 은밀한 퍼포먼스의 장이기도 하다. 이것이 카페와 카페 문화가 꽉 짜여진 근대 도시 한복판에서 뿌리를 내린 본질적인 이유일 것이다. 그러면서도 카페는 명문 카페 플로리안이나 프로코프에서 보듯이 신문이 만들어지고 혁명이 속삭여진, 자유의 깃발이 나부낀 공간이기도 하다.

모든 상가에는 단골이 있게 마련이지만, 카페의 단골은 유별나다. 그 첫번째 단골은 이웃에 있는 카페를 자기의 사랑방처럼 여기며 찾아오는 선남선녀이다. 그들 이외에도 유럽의 카페 문화는 또한 헤아릴 수 없이 많은 카페맨을 낳았다. 그들은 대개가 집보다도 카페가 좋은 도시의 보헤미안들이다. 그들 중에는 유럽의 문화사를 빛낸 제1급의 시인, 작가, 미술가, 음악가, 그리고 사상가들이 적지 않다. 카페는 그들에게 마음 편한 사랑방이며 상상의 날개를 마음껏 펼 수 있는 자유로운 놀이방, 그리고 창작의 공방(工房)이다. 그리하여 그들이 단골 카페에 바친 찬사를 열거하자면 족히 몇 권의 책이 될 것이다. 우리는 곧 그들과 만날 터이지만 여기에서는 몇몇 카페맨들이 남긴 명구, 경구 몇 가지를 주워보자.

"나의 집과 카페의 관계는 결혼과 연애의 관계와 같다."

"카페는, 나의 집의 장점을 모두 갖추고 단점을 모두 치워낸 우리 집이다. 즐겨 찾아가서는 좀처럼 떠나기가 어렵다."

"카페는, 무엇이든 거의 할 수 있고 아무것도 하지 않아도 좋은 '자유의 터전'이다."

"카페는 오스트리아 빈 사람들의 악덕이다. 집에는 도저히 초대할 수 없을 만큼 재미있는 사람들과 만나는 장소. 가정으로부터 도망하고 여자로부터 피신하면서 여인을 찾아가는 곳이다."

"카페, 진정 천국이라는 곳에 있는 기분."

카페, 약간은 비밀스럽고 아름다운 악덕이 우리를 유인하는 그 무위(無爲)의 공간에서 우리는 백중에 꿈꾸는 호모 루덴스, 놀이 인간이 된다. 그러면서도 유럽의 카페에서 우리는 또한 그것이 놓인 도시의 표정을, 시민들의 심상 풍경을 그리고 카페가 겪은 세월의 빛과 그림자를 읽는다. 카페를 들여다보면 유럽이 보인다. 이것이 필자가 감히 카페를 둘러싼 이야기들을 한 권의 책으로 엮은 이유이기도 하다.

이스탄불, 카페는 오리엔트로부터!

카페의 탄생과 동방 취미

이스탄불, 카페는 오리엔트로부터!

커피는 악마처럼 까맣고 지옥처럼 뜨거우며
천사처럼 순수하고 에로스처럼 감미로워야 한다.
— 탈레랑

신의 혜택인가, 악마의 향기인가

"빛은 오리엔트로부터!"라고 하였던가. 커피와 카페 문화 역시
고대 로마의 시인이 "젖내음이 풍겨오는 땅"이라고 읊은 동방의
'행복한 아라비아'를 시발점으로 유럽에 전해지고 그 뒤 모든 대륙
으로 퍼졌다. 아라비아로 통하는 길은 일찍부터 '유향(乳香)의 길(향
료의 길)'로 불리었다. 커피의 원산지는 아프리카 에티오피아, 그곳
사람들이 커피를 마시기 시작한 것은 지금으로부터 약 1,000년 전.
아침 10시에 친척, 지인들이 서로 돌아가며 정해진 집에 모여서 커
피를 마시는 시간을 가졌다고 한다. 그것은 일종의 주술적 의미를
지닌 의식과도 같은 것이었을까.

한편 커피 향은 악령을 몰아낸다 하여 치료사들은 커피를 가지고
정신병 환자를 치료하였고, 점술가는 컵에 남겨진 커피의 찌꺼기를
보고 운세를 점치기도 하였다. 사랑, 우정, 존경, 감사의 상징인 커

노래하는 오리엔트 여인

피를 끓이는 일은 전적으로 여성의 몫이었고 거기에도 서열이 따랐는데, 특히 젊고 아름다운 여성이 즐겨 뽑혔다. 그리고 커피는 당연히 규범과 예의범절로서 석 잔까지는 마셔야 하며 도중에 자리를 떠서도 안되었다. 커피는 사교적 마실거리이기도 하였다.

에티오피아의 커피 종자는 15세기 중엽 이슬람 세계의 중심지였던 예멘에서 처음으로 상품으로서 재배되고 그 뒤 주요한 교역품으로서 널리 퍼지기 시작하였다. 그 발신처는 12~13세기에 태동한 수피(Supi) 교단이었으니, 동양의 녹차 문화가 선사(禪寺)로부터 뿌리내린 사실과 비교하여 참으로 흥미로운 일이 아닐 수 없다.

수피(교도)들은 커피에 취한 몰아(沒我) 상태에서 "알라 이외에 신은 없다. 진정 진실한 주여!" 라고 화창(話唱)하였다. 그리하여 수피가 있는 곳에는 늘 '신의 혜택'인 커피가 놓여 있었다. 율법주의와 형식주의적인 신앙을 비판하고 경건한 종교생활을 지향한 수피는 신비주의적 수행자이면서 한편으로는 가정을 가진 상인이요 장인(匠人)이었다. 그리하여 그들을 통해 '알라신에게 순종하는 사람'들인 무슬림이 모여 예배하는 모스크 밖에서도 차츰 커피를 마시게 되었다.

커피는 그로부터 아라비아 반도 이외의 지역으로 퍼지기 시작해, 1510년대에는 카이로까지 퍼지고, 그 뒤 순례자와 캐러밴의 낙타에 실려 시리아에, 16세기 중엽에는 이스탄불에까지 파급되었다.

커피는 이슬람교의 율법을 따르는 무슬림 사회에서 처음에는 찬

반 양론을 일으켰다. 외래의 마실거리가 들어올 때 으레 겪는 일종의 문화충돌이며 통과의례 같은 현상이었다고 할까. 커피를 반대하는 사람들은 특히 그 '행복한 도취' 작용을 두려워하였다. 이 점에서 커피는 포도주에 비유되었다.

『코란』을 떠받드는 이슬람법은 청정(淸淨) · 참회 · 예배 · 단식 · 순례 등 종교적 규범과 더불어 혼인 · 이혼 · 상속 · 노예와 자유인 · 재판 등 공사(公私)를 가리지 않고 세속적인 법적 규범을 까다롭게 과했다. 규범에 식생활이 포함됨은 물론이며, 먹거리 가운데 돼지고기 · 동물의 피 · 죽은 고기는 금기였다.

술의 역사에서 가장 오래된 것은 포도주와 맥주이지만, 이슬람권에서는 중앙 아라비아 지방에서 많이 나는 대추야자술과 벌꿀술이 애음되어 왔다. 그러다가 북방에서 포도주가 수입되었다. 포도주는 그리스도가 최후의 만찬에서 제자들에게 빵과 함께 나눠주었듯, 그리스도교에서 성스러운 피로 받들어진다.

그러나 『코란』에서 포도주는 선악의 양면성을 지닌 것으로 여겨졌다. 즉 포도주는 사탄의 하수인인 동시에, 이슬람에게 약속된 천국의 즐거움이며 믿음의 보상으로 내세에서 베풀어지기로 약속된, '형용할 수 없는 미주(美酒)'였다.

그렇듯 포도주에 대해 이슬람 세계는 모순된 애증 양면의 감정을 지녔으나, 현실적으로는 끝내 금기였다. 그 까닭은 그것이 일으키는 '도취'가, 그리고 그것을 파는 선술집이 위험시되었기 때문이

16~17세기 카페에서 커피를 즐기는 상류 인사들

다. 이슬람 세계에서 선술집은 금기인 술을 파는 곳으로서, 언제나 법망의 감시 대상이었으며 매춘부·동성애자·광대와 동일시되었다. 그러므로 그곳에 출입하는 사람들 또한 천시되었다. 초기 그리스도교와 로마제국 이래 "포도주 속의 진리(In vino veritao)"라는 격언을 떠받들어온 그리스도교 문명권과는 극히 상반된 이슬람 세계에서 포도주가 당한 액운은 그렇듯 포도주 자체보다도 악평이 자자한 선술집에서 그것이 팔렸다는 사실에서 기인한다.

'카흐와(qahwa)', 즉 커피의 어원을 살펴보면 아랍어에서 그것은 포도주의 별칭이자 술을 가리키는 말이기도 하였다. 커피 또한 포도주와 마찬가지로 사람을 '도취' 상태로 빠져들게 하는 마력을 지닌 '악마의 향기'로도 여겨졌다. 그리하여 커피 반대론자들은 모스크의 밤 예배에서 모두가 커피 잔을 돌려 마시는 관행도, 예언자의 성탄절에 커피를 제단에 바치는 예법도 무시하였다.

"어떤 사람은 커피를 마시고 신의 이름을 외우며 수행에 노력하는 데 반해, 어떤 자는 술을 마시고 취해 음탕한 즐거움을 찾아 신을 모독한다." 커피 애음가들은 애써 커피를 포도주와 차별화하는 데 노력하였다. 마시게 할 것인가, 금지할 것인가? 최종 결정은 알라신이 내릴 수밖에 없었다.

커피를 둘러싼 시비 판정은 결국 사제와 율법학자들에게 맡겨졌다. 그런데 그들은 그것을 또 의사의 판단으로 넘겼다. 의사의 대다수는 사제나 율법학자들과 마찬가지로 커피 애호가였으니, 결

예나 지금이나 카펫은 터키의 가장 귀한 특산물이다.

과는 불을 보듯 뻔하였다. 커피는 점차 공공 장소에서 모두가 마시는 기호품이 되었다. 이제 카페가 탄생할 차례다. 카페에 관해 이야기하기에 앞서 역사상 최초의 카페 문화를 일군 이스탄불에 대해 살펴보자.

이스탄불, 동서 문명의 십자로

세계사에서 16세기는 '터키의 세기'로 불린다. 동서 문명의 십자로, 동양과 서양이 만나는 곳, 오스만투르크의 수도. "이 도시를 다스리는 자는 세계를 제패한다"고 일컬어진 이스탄불. 16세기 유럽 사람들에게 이스탄불로 향하는 길은 무엇보다도 '향료의 길'이었다. 동남아시아와 인도산 향료, 이집트의 설탕, 그리고 예멘의 커피 등은 상류계급의 식탁을 진귀하게 꾸민 값비싼 기호품들로, 모두 이스탄불 상인에 의해 전매되었다.

당시 이스탄불은 인구 70만, 장려한 모스크 300여 개를 자랑하며 하기아 소피아 대성당과 토프카피 궁전이 상징하듯 옛 로마제국에 비길 영화와 태평성세를 구가하였다. 그 분위기

보석 장식의 찻주전자
(16세기 후반)

를 가장 잘 상징하는 것은 이스탄불에서도 고대 로마와 흡사하게 남녀 모두가 즐겼던 공중 욕장이었다. 욕장은 예배에 앞서 몸을 깨끗하게 해야 한다는 종교적 의례와 결부되었다. 그러면서도 한편으로는 사교와 오락의 장이었다. 유럽 사람들이 '터키탕'이라고 부르며 감탄한, 비밀스럽고 관능적이며 호사스러운 욕장(그 가장 호사스러운 곳은 물론 하렘의 그곳이었다)의 존재는 도시 번영의 징표요, 시민을 하나로 묶는 문화적인 토포스이기도 하였다. 이슬람 세계에서는 13세기 이래 다음과 같은 속담이 널리 속삭여졌다.

터키 복장의
프랑스 여인과 하녀

"사람들에게는 다섯 가지 환락이 있다. 일순의 기쁨은 남녀의 화열(和悅), 하루의 기쁨은 목욕, 일 주일 동안의 기쁨은 세탁한 옷을 입는 일, 일 년의 기쁨은 젊은 처녀와의 결혼, 언제나 변치 않는 기쁨은 현세에서 벗과의 사귐과 내세의 낙원이다."

16세기 후반에 이르면 서로 처마를 맞댄 600여 개의 '차이(홍차)'를 마시는 장소 '차이하네', 즉 카페가 이스탄불의 또 하나의 명물로 부상한다. 그런데 카페가 선보이기 이전에 사람들이 모인 곳은 선술집이었다. 여기에서 잠깐, 이슬람 세계의 술 문화는 어떠하였을까.

음주는 『코란』에 의해 불신앙, 살인, 상해, 간통, 중상모략, 절도와 마찬가지로 금기였다. 그러나 이슬람 이전의 아랍 세계에서 술은 시빗거리가 아니었다. 마호메트가 우상숭배와 함께 음주를 사탄의 짓으로 단죄한 것이다. 아랍의 시인 아부 누아스(756~810년경)는 다음과 같이 술을 찬미하였다.

술은 태양.

태양은 단지 빛나고 저무나

우리 술은 그 좋은 점에서 태양보다 빛난다.

우리는 극락에 살지 못하여도

향기 그윽한 술은 바로 이 세상의 극락.

이슬람 세계의 이태백으로 일컬어지는 누아스는 일생 변함없이 술을 찬미하였다. 그의 술 찬미는, 당시 이슬람 제국 제일의 번영기에 궁정과 고관대작들이 누린 주연(酒宴)이나 문인·학식자들의 애주 풍속을 반영한 것으로 이해된다. 술을 현세 최고의 쾌락으로 노래한 그는 음주시와 더불어 연애시도 많이 읊어 오늘날에도 아랍 세계에서 애창된다니 참으로 흥미롭다.

동방 취미와 카페를 둘러싼 많은 이야기들

유럽에서는 16세기경부터 이스탄불 여행이 일부 호사가들 사이에서 일어났다. 그리고 그것은 18세기 유럽 상류사회의 이른바 '동방 취미(오리엔탈리즘)'로 이어졌다. 이제 이 동방 취미에 관해 살펴보자.

'동방 취미'란 보통 낭만파 회화에서 들라크루아가 대표하였듯 중근동 지역, 즉 오리엔트의 풍속이나 경관을 주제로 한 경향을 말한다. 그런데 고전파의 앵그르의 작품 「오달리스크」(1814), 「터키 욕탕」(1859)에서 보듯이 동방 취미는 18~19세기를 통해 회화나 문학에서뿐만 아니라 유럽 사회 전반에 진하게 드러난다. 그 밑바닥에는 전제적·신비적·관능적이라는 헬레니즘 이래의 동방(오리엔트) 이미지가 짙게 깔려 있다. 그런데 18~19세기의 동방 취미의 발신처는 이스탄불이었다. 이스탄불 발(애거서 크리스티의 '오리엔트 특급열차'의 목적지도 이스탄불이다) 유럽에서의 동방 취미에 적지 아니 이바지한 것은 바로 커피였다.

이국적인 감칠맛과 고혹적인 향과 색깔, 오리엔트의 커피는 순식간에 유럽의 상류사회를 사로잡았다. 커피와 중국 도자기 잔이 놓

인 공간은 신분과 더불어 삶의 멋을 연출하는 자리이기도 하였다. 어디 그뿐일까. 빨간 혹은 검은 원색으로 빛을 발하는, 그리고 중국 도자기 잔으로 꾸민 방에 터키풍의 의상을 걸치고 아랍 무어의 흑인 소년으로 하여금 시중들게 하는 패셔너블한 풍속도가 신사 숙녀들 사이에서 유행하였다. 그리고 그들은 즐겨 오리엔트풍의 자기 모습을 그리게 하였다. 우리는 오리엔트풍의 방에서 오리엔트풍 여인의 자태를 드러내고 있는 마리 앙투아네트가

그려진 그림도 볼 수 있다. 그녀가 들고 있는 커피 잔이 인상적이다. 그런데 동방 취미에 훨씬 앞서서 유럽 사람들은 카페에 관한 이야기를 듣게 되었다. 즉 1585년에 이스탄불 주재 베네치아 대사는 본국에 보낸 보고서 말미에 다음과 같이 밝히고 있다.

"여기 콘스탄티노플(지금의 이스탄불)에서는 터키인들이 무료함을 달래기 위해 길거리나 점포에서 카베라고 불리는 종자에서 채취한, 끓어오르는 검은 색깔의 음료를 마십니다. 들리는 이야기로는 이 음료는 머리를 맑게 하는 효력이 있다고들 합니다. 카페에 모이는 사람들은 모두

동방 취미는 마리 앙투아네트마저도 사로잡았다.

가 서민으로 옷차림도 허술하고 일도 별로 하지 않고 하루의 대부분을 게으르게 보냅니다."

스웨덴 역사가이며 외교관으로서 이스탄불 공사(公使)를 지낸 도 슨(1740~1807)은 16세기 이래 이스탄불의 카페에 관해 언급하면서 그 단골손님들 중에는 고관대작·귀족·장교·교사·판사 및 법학자 들도 있다고 기술하고 있다. 일부 관찰자들은 또 '지위가 아주 높은 사람들'을 제외한, 폭넓은 계층의 사람들이 카페에 출입한다고 말 하고 있다.

"거리 변두리에 세워진 집회소에서 커피를 끓이고 판다. 커피를 원하는 사람은 지위가 높든 가난하든 거기서 커피를 마신다……. 온갖 사람들이 종교나 사회적 지위의 구별 없이 여기에 찾아든다. 이러한 장소에 출입하는 것은 조금도 부끄러운 일이 아니며 많은 사람들이 단지 이야기를 즐기기 위해 카페에 간다."

카페를 둘러싼 이야기는 매우 다양하고 서로 모순되기도 한다. 그런데 흥미로운 것은 이스탄불이나 카이로, 바그다드를 여행한 유 럽 사람의 대부분이 거리에서 마주친 카페에 대해 한결같이 각별한 호기심을 드러내고 있다는 사실이다. 아직 유럽에는 카페가 없었던 시기에, 특히 신분이 서로 다른 사람들이 어울려 자리를 함께 하고 붐비는 카페가 신기하게 비쳤기 때문이었을까.

카페는 처음에는 대개가 시장 거리에 들어섰다. 그 무렵 단골의 대다수는 아마도 시장 상인이나 장보는 서민들이었을 것이다. 그러다가 차츰 신분이 높은 사람들도 담론과 사교를 즐기기 위해 카페를 찾게 되고 그러면서 세련된 분위기로 꾸며진 고급 카페가 생겨났을 것이다. 17세기 초 포르투갈의 한 여행가는 다음과 같이 고급 카페의 모습을 전해준다.

"카페의 건물은 시냇가에 있고, 안에는 많은 창문과 두 개의 회랑이 있어 쾌적한 안식처가 되고 있다……. 카페는 참으로 아름답다. 많은 분수, 가까이 흐르는 단천, 나무 그늘, 장미와 갖가지 꽃들, 시원스럽고 상쾌하며 즐거운 장소이다. 밖에는 매트를 깐, 돌로 만든 긴 의자가 놓여 있어 옥외를 좋아하는 손님은 거기에 앉아 지나가는 사람들을 바라볼 수 있다. 카페에는 천장에 큰 램프가 매달려 있고 밤에도 손님이 많다. 특히 단식이 끝난 밤이면 많은 사람들로 북적거린다."

카페에는 살롱과 조리장을 겸한 큰 홀이 있다. 살롱에는 레스토랑풍으로 테이블이 배치되고, 홀 구석에는 웨이터가 커피를 만들어 나르는 서비스대가 놓여 있다. 손님들은 화상을 입을 정도로 뜨거운 커피를 좋아하였다. 어쩌다 커피에 설탕을 섞기도 하였으나 밀크는 거의 쓰지 않았다. 커피 잔은 도기이거나 깊이 패인 자기 접시였다. 서민 카페에서는 수상쩍은 광대들이 건달들 앞에서 저속한 흥을 돋웠다. 17~18세기 유럽의 카페와 비슷한 모양새이다.

카페에는 왕자에서부터 비렁뱅이까지 온갖 사람들이 신분이나 종파, 사회적 지위에 관계없이 모여들고 서로 이야기를 나누고 담론을

터키의 초기 카페 안 풍경

즐겼다고 하나 사실 그러하였을까. 시 낭송과 문학 담론을 즐긴 상류
층의 '그랜드 카페'에 서민들이 출입하였다고는 믿어지지 않는다.

　그러나 카페는 갖가지 모습을 지녔다. 가끔은 가난한 서생(書生)
이 재미있는 이야기로 손님들을 즐겁게 하며 푼돈이라도 벌어들이
는가 하면 의젓한 학식자가 도덕적인 열변을 토하기도 하였다. 카
페에서의 잡담이나 화제에는 음담패설이 많았다. 정숙한 여성에 관
해 터무니없는 이야기를 퍼뜨리는 짓은 이슬람법에 의해 80회의 채
찍형을 받게 되어 있었으나 카페 단골들은 여전히 금단의 이야기를
즐겼다.

　카페는 시인과 작가가 자기의 새 작품을 선보이는 무대이면서 또
한 정보를 교환하고 담론과 정치적 논의를 나누는 터전이기도 하였

다. 그리하여 카페는 늘 반체제적인 '결사(結社)'가 될 위험을 안고 있었으며 실제로 여러 번 반란자들의 회합 장소가 되기도 하였다. 그리하여 1633년 당국은 대화재 참사를 예방한다는 구실을 내세워 이스탄불의 카페들을 폐쇄하였다. 그러다가 수십 년 뒤에야 정보원들을 몰래 배치하면서 그 재개를 허용하였다. 이러한 이스탄불 카페의 종적을 그 뒤 유럽의 카페가 그대로 되밟았으니 이 점도 이스탄불의 카페가 바로 카페의 원형으로 일컬어지는 이유이다.

"하늘 아래 변하는 것이란 없다"라고 『코란』은 말씀한다지만 카페는 무슬림 사회에 잔잔한 문화 충격을 주었다. 모스크에 가는 특정한 날을 제외하고는 밤 외출을 하는 일이 거의 없었던 사람들이 커피의 '신기한 맛'에 끌려 밤 나들이를 즐기게 되었다.

당시 이슬람권의 도시에는 레스토랑이 거의 없었다. 식사도 집에서 하고 손님 대접도 당연히 집에서 하였다. 그러나 카페가 손님을 접대하는 사교의 장이 되면서 이제 사람들은 기도를 드리기 위해 모스크를 찾기보다 카페에 가기를 더 좋아하게 되었다. 그러한 변화는, 정부가 두려워한, 카페에서 정치를 논하는 일 이상으로 어쩌면 훨씬 더 큰 변화요 자기 반란이라고 할 것이다.

파리, 카페 프로코프

프랑스 최초의, 그리고 유럽 최초의 문학 카페

파리, 카페 프로코프

카페에서는 자유가 속삭이고 혁명이 농담을 즐겼다.
카페는 이야기하는 신문이며 모반자들의 소굴이다.
— 그림 남작

행운의 혁명, 커피의 유행

"프랑스 사람들은 계속해서 말을 하지 않으면 견디지 못한다. 그 화제에 관해 알든 모르든 관계없이……."

영국 최초의 『영어사전』(1747~1755)의 편자 사무엘 존슨의 말이다. 수다스럽기는 이탈리아 사람들이 단연 으뜸이어서 그들은 아이스크림을 빨면서도 쉴새없이 중얼거린다. 하지만 프랑스 사람들도 결코 그들에 뒤지지 않는다.

유럽의 도시를 특징짓는 것 중 하나는 도처에 자리잡은 카페의 풍경이다. 특히 파리는 카페의 거리이다. 파리 거리의 처마를 맞대고 있는 카페 풍경은 프랑스인의 다변(多辯)과 관계가 없지 않다. 프랑스풍의 지성 '에스프리'란 카페나 살롱에서의 다변의 산물이 아니던가! 19세기 프랑스의 역사가 미슐레는 그의 『프랑스사』에서 다음과 같이 말한다.

"사람들이 프랑스에서처럼 말을 많이 하고 기분 좋게 이야기를 즐기는 곳은 없다. 빛나는 정신의 출현, 그 명예의 한 부분은 의심의 여지없이 시대의 '행운의 혁명,' 새 풍속을 만들고 사람들의 기풍을 바꾼 큰 사실, 즉 커피의 유행에 돌려야 할 것이다." 이 커피 예찬자는 커피의 유행이 프랑스인의 심성과 풍속을 새로이 창출했노라 찬탄하며 그것을 '행운의 혁명'으로 비유했다. 이때 미슐레는 파리 거리거리에 처마를 잇댄 수많은 카페를 기쁨으로 떠올렸을 것이다.

파리 사람들은 왜 그토록 카페를 좋아하는 것일까. 그것은 또 그들의 방랑벽과도 관련이 있다. 디드로가 『라모의 조카』에서 술회한 정감 어린 한 구절을 되새겨보자. "하늘이 맑건 날씨가 좋지 않건, 저녁 5시가 되면 팔레 루아얄 공원을 산책하는 것이 나의 습관이다. (……) 정치에 관해, 연애에 관해, 취미에 관해, 그리고 철학에 관해 나 자신을 상대로 이야기를 한다. 나는 정신의 방탕아가 된다. (……) 날씨가 음산하거나 비가 궂은 날이면 나는 카페 드 라 레장스로 피한다."

1669년 루이 14세를 알현한 터키 특사가 베르사유 궁전에 터키 커피를 전해주면서 귀족들은 모두가 그 '터키풍의 리큐르(혼성주)'를 즐겼고 그것을 마시는 일은 귀족 사회에서 일종의 모드가 되었다. 그러한 새 풍속도에 대해 일부 귀부인들은 혐오감을 느꼈다. 17세기 프랑스 고전문학을 빛낸 여류 서간문학가 세비녜 후작부인은 "커피를 마시는 일은 라신느의 시를 읽는 것과 마찬가지로 유행에

뒤지는 일이 될 것입니다"라고 하였다. 그리고 부인은 자기 딸에게
도 "커피에 흥미를 잃었다니 잘된 일이다"라고 말하였다. 그러나
그녀의 판단은 들어맞지 않았다. 라시느가 프랑스 최고의 극작가로
서 불후의 명성을 얻었듯이 커피 또한 찬란한 카페 문화를 꽃피워
와인과 함께 프랑스 사람들 최대의 기호품이 되었으니 말이다.

파리, 아니 프랑스 최초의 카페 '프로코프(Le Procope)'는 1686년
소르본대학이 있는 지식인의 거리 라틴구(區)에서 문을 열었다. 이
탈리아계 주인 프로코피오는 '어딘지 수상쩍은 욕탕' 건물을 개조
하고 신식 난방 시설을 마련하는 한편, 벽 한 면을 가득 메운 큰 거
울, 크리스털 샹들리에, 대리석 테이블, 고급 의자와 소파, 그에 더해
카페 전체를 주홍색과 금색 톤으로 우아하고 고급스럽게 꾸몄다. 프
로코프는 터키풍으로 내장을 한 다른 카페와는 쉽게 구별되었다.

유럽 카페에서 일반적인 가르송(카페에서 커피를 서브한 급사가 한 때 '소년'을 뜻하는 가르송이어서 웨이터들은 그렇게 불리었다. 그러나 이 호칭은 1968년 이후 없어졌고 지금은 '무슈'라고 하는 것이 자연스럽다)의 상하 흑백의 복장, 팔에 백색 헝겊을 걸치고 한 손에 은색의 티포트를 쥔 그 모습은 바로 프로코프에서 시작되었다.

초창기 프로코프의 단골들은 대개 남녀 배우들과 극장 관객들이었다. 카페 맞은편에 극장 '코미디 프랑세즈'가 있었기 때문이다. 상류사회에서 극장이 한창 사교장의 한 중심이었던 당시, 카페에서의 화제도 연극과 오페라에 모아졌다. 그러나 코미디 프랑세즈가 다른 장소로 이사한 이후, 프로코프의 손님은 부르주아 출신의 지

식인들이 대부분이었다.

　그런데 원래 귀족들은 1789년 이전에는 대개 살롱에서 담론과 커피를 즐겼다. 특히 단골은 자유롭고 예술적인 카페 분위기에 끌려 모여든 시인·문인·철학자들이었다. 그 중에는 시인 라퐁텐, 퐁트넬, 극작가 보마르셰, 독일의 비평가 그림 남작, 그들과 더불어 볼테르, 루소, 몽테스키외, 디드로, 달랑베르, 돌바크 같은 철학자들의 얼굴도 볼 수 있었다. 볼테르는 한 사나이를 평하며 "그는 극장과 프로코프에 출입하는 것으로 자신을 상당한 인물이라고 여긴다"며 비꼬았다. 하지만 18세기, 바야흐로 담론의 시대가 개막되면서 프로코프는 카페와 담론문화의 한 중심이 되었다.

취미와 담론, 프랑스적 지성의 산실

거리의 살롱 프로코프에서 담론의 첫 주제는 문학이었다. 시가 낭독되고, 새로 발표되는 작품을 둘러싼 비평이 좌중을 뜨겁게 달구었다. 프로코프가 '문학 카페'라고 불리는 것도 바로 이 때문이다. 그런데 프로코프의 평판을 듣고 어쩌다 사륜마차를 몰고 온 상류층 부인들이 그 장황한 문학 담론을 경원하고 도망치는 일도 종종 있었다.

카페 프로코프의 손님들은 '여름에는 상쾌하게, 겨울에는 따뜻하게' 달여주는 커피와 더불어 홍차와 초콜릿 그리고 특히 이탈리아인 주인이 만들어주는 아이스크림을 즐겼다. 술과 담배는 금기였다.

프로코프가 문을 열고 얼마 뒤 파리에는 카페가 우후죽순처럼 생겨나 1716년에는 약 300곳, 1788년에 이르면 약 1,800곳을 헤아렸다. 인구 55~60만의 유럽 최대의 도시 파리, 일반 시민들도 커피에 맛들이면서 선술집과 흡사한 뒷골목 초라하고 엉성한 터키풍의 카페에 출입하기 시작하였다. 한편 '흠뻑 젖은 발'이라고 불리는 포장마차 카페가 생겨났는가 하면, 골목에서는 "커피 한잔 하세요! 커피 한잔 하세요!"를 외치며 지나가는 커피 행상의 모습도 볼 수 있었다.

그런데 재미있는 것은 수녀들이 수녀원의 어려운 살림에 보태고자 사람들의 입방아에 신경을 쓰면서도 수도원 앞거리에 나와 커피를 팔았다는 기록이다. 그녀들도 아마 커피 애호가였던가 보다.

파리 노변의 카페 (위트릴로, 1936)

또 한 가지 흥미로운 점은 프로코프를 비롯한 파리의 카페들에서 여성의 모습을 볼 수 없었다는 사실이다. 16세기 이탈리아의 시인 이며 외교관, 궁정 사교인이었던 카스틸리오네는 몇 세대에 걸쳐 유럽 상류사회의 사교 교본이 된 그의 저서 『궁정인의 서』(1528)에 서 다음과 같이 말한 바 있다. "나는 여성이 태도, 행실, 말씨 그리 고 행동에서 남성과 비슷해서는 결코 안된다고 주장한다. 여성은 모든 행실에서 여성다운 우아한 모습으로 부드럽고 섬세한 감수성 을 보여주는 것이 좋다."

16세기 르네상스 시대의 그러한 여성관은, 비록 17세기 이후 소 수나마 여성들이 소설과 극장의 세례를 받고 18세기 계몽사상의 영 향 아래 자의식에 눈을 뜨고 살롱에서 사교와 문학 담론을 즐겼다 고 하지만 중세풍 도시 모양이 아직도 짙게 드리운 파리의 풍경과 마찬가지로 여인들은 크게 달라지지 않았다. 계몽사상가 중에서도 가장 급진적이던 이단아 루소마저도 여성에게 제일 바랐던 덕목은 '여성다운 우아함'이었다. 그리하여 파리에서도 여성들이 카페에 나타나는 것은 19세기, 그것도 중반에 이르러서였다.

유명 카페에는 예나 지금이나 으레 명물 주인 혹은 괴짜 지배인 이 따르게 마련이다. 18세기 중엽 샤를롯트 부인은 죽은 남편이 남 긴 카페를 물려받아 40년간 경영하였다. 몽마르트르의 그녀의 카페 에는 많은 문인들이 단골로 출입하였으며 그녀 자신도 『카페 주인 의 뮤즈』라는 두 권의 시집을 발표하였다. 또 프리드리히 대왕에게

바치는 송가를 읊었으며 그 답례로 프리드리히는 그
녀에게 작은 황금 함을 선물하였다. 그녀는 볼테르로
부터는 포도주 잔을, 시인 퐁트넬로부터는 자작
전집을 선물받았다. 그러나 그녀의 작품을 썩
좋게 여기지 않았던 독일의 평론가 그림
남작은 그녀를 "시에 열광한 카페 여주인"
이라고 부르며 몇몇 좋은 시는 아마도
누군가가 써준 것이리라고 여겼다.

  카페는 날로 수를 더해 갔다. 카페의
무엇이 사람들을 그토록 매료한 것일까.
카페에서 생애를 보내기를 바랐던
몽테스키외의 이야기를 들어보자.

찻잔과 주전자를 든
가르송의 모습

  "하루 종일 낮과 밤을 이어가면서 모든 계층의 사람들과 더불어
앉아 있을 수 있음은 무엇보다 카페의 특권이다. 카페는 거기에 앉
아 있으면 주고받는 이야기들이 현실성을 더하고, 웅대한 계획이나
유토피아적 몽상, 아나키즘적인 모반(謀叛)이 생겨나는 유일한 장
소이다."

  17세기가 우아한 '취미(taste)'를 즐긴 시대였다면 18세기는 자유
로운 담론의 시대였다. 좋은 취미는 귀부인 중심의 살롱 문화를 꽃
피우고, 담론은 문인과 철학자를 둘러싼 카페 문화를 낳았다. 문학
카페인 프로코프는 자연스럽게 차차 계몽의 세기를 상징하는 철학

카페가 되었다. 사람들은 그곳에서 신분과 종파, 이데올로기와 직업을 가리지 않고 모두가 담론을 즐기고 철학자가 되었다.

종교적 계시, 형이상학에서부터 취미에 이르기까지, 스콜라적 논의에서부터 교역의 물품, 여인의 머리 패션에까지, 왕후의 특권에서부터 인민의 인권에 이르기까지, 세기를 상징하는 텍스트인 『백과전서』가 다룬 모든 문제, 즉 신의 세계와 국가, 사회와 풍속, 개인의 사사로운 삶, '문명'의 모든 문제가 카페의 화제가 되고 담론의 탁상에 올랐다. 프로코프는 문자 그대로 열린 살롱이었다.

그러나 백화난만 세기의 모든 논의는 루소가 말했듯 필경 '정치적' 문제로 귀결되었으니 프로코프는 차차 정치적 담론의 터전이 되어갔다. 그러한 모습을 디드로, 볼테르와도 가까이 지낸 그림 남작(그는 파리에 들르면 여기저기 카페와 살롱에서 지냈다)은 다음과 같이 전해준다.

"우리는 가장 자유로운 사상을 공공연히 글로 쓸 수 없었다. 그러나 카페에서는 자유가 속삭이고 혁명이 농담을 즐겼다. 카페는 이야기하는 신문이며 모반자들의 소굴이다. 거기에서 우리는 자유로운 토론을 통해 사상적으로 싸울 수 있었으며, 구제도를 암호로써 타도할 수 있었다. 카페는 혁명의 대학이었다. 우리 철학자들은 카페에서 상층계급을 문명화(시민화)하였다. 카페와 살롱에서 사회는 민주주의적이 되었다. 카페와 살롱에서는 과학자 뷔퐁과 몽테스키외, 볼테르와 루소, 그리고 독일 작곡가 글룩과 프랑스 화가 와토가 더불어 담론에 열을 올렸다."

여기서 화가 와토와 관련하여 한마디 부언하자. 화가들은 이제까지 '무식쟁이'로 업신여겨져 살롱 출입이 금지되는 등 사교계에서 소외되었다. 음악가들 역시 화가들의 처지와 비슷하였다. 그러나 1717년에 화가로서 최초의 아카데미 회원이 되는 와토는 카페에서 여러 문인, 철학자들과 더불어 허물없이 사교와 담론을 즐겼다.

프랑스 혁명과 프로코프

전환의 시대에 정치적 담론은 행동의 기폭제가 되게 마련인가. "파리의 진정한 신문"으로 일컬어진 카페 프로코프는 차차 유토피아와 모반의 터전이 되었다. 1789년을 전후해 프로코프는 혁명의 드라마를 이끈 주역들의 은밀한 사랑방이 되었다. 그 좌장(座長)은 급진적인 간행물의 발행인이자 시민 선동에 지도적 역할을 다한 혁명가 에베르였다. 그를 둘러싸고 당통 · 마라 · 드물랭 · 로베스피에르 · 미라보 등이 밤이 되면 모여 앉아 정보를 교환하고 혁명 작전을 모의했다.

1792년 6월과 8월의 폭동에 관한 지령도 바로 이곳 프로코프에서 내려졌다. 볼테르와 루소를 비롯하여 뛰어난 철학자들이 거의 세상을 떠난 뒤 프로코프는 혁명 클럽이 되었다. 혁명에 동조하는

LE PLUS ANCIEN CAFE DU MONDE

C'EST en 1686 que Francesco Procopio dei Coltelli, gentilhomme de Palerme, installa rue des Fossés-Saint-Germain (aujourd'hui rue de l'Ancienne Comédie) son débit de café. L'excellence des boissons et des sorbets qu'il y offrait à consommer, le cadre aimable, le voisinage aussi de l'ancienne Comédie-Française firent que son établissement devint très rapidement le lieu de réunion des beaux esprits. Le premier café littéraire du monde était né, et pendant plus de deux siècles, tout ce qui portait un nom, ou qui espérait en porter un, dans le monde des lettres, des arts et de la politique, fréquenta le CAFE PROCOPE. De La Fontaine à Anatole France, en passant par Voltaire, Rousseau, Beaumarchais, Balzac, Hugo, Verlaine et tant d'autres, la liste des «habitués» du PROCOPE est celle-là même des grands noms de la littérature française. Au XVIIIᵉ siècle, les idées libérales y prirent leur essor, et l'histoire de l'Encyclopédie est intimement liée à celle du PROCOPE ou fréquentaient Diderot, d'Alembert et Benjamin Franklin. Pendant la révolution, Robespierre, Danton et Marat s'y réunissaient, et le lieutenant Bonaparte y laissa son chapeau en gage.

Le PROCOPE renaît aujourd'hui, fidèle aux grandes ombres de son histoire. Symbole du passé, la table de Voltaire témoigne de sa pérennité et s'apprête à accueillir des gloires nouvelles.

왼쪽 프랑스 혁명 200주년을 기념하여 만든 프로코프의 메뉴 표지

오른쪽 초기 프로코프를 장식한 단골 볼테르, 루소, 몰리에르 등의 기념 엽서

일반 시민들도 프로코프에 몰려와 새로운 정보에 귀기울이고(당시 파리에는 아직 신문이 없었다) 자유·평등·우애를 구가하였다. 그리고 그들은 반혁명적인 인쇄물들을 프로코프의 문전에서 불살랐다.

1789년 프랑스 혁명 전후 자코뱅 당원들이 자유의 상징으로 즐겨 머리에 썼던 '르보네 프리지안(붉은 모자)'도 프로코프에서 처음 선보였다. 흑인 노예 해방을 위한 '흑인의 벗들의 모임' 유럽 본부도 놀랍게도 프로코프 내에 설치되었다. 지식인들의 담론의 사랑방인 카페는 어디에서든 권력의 주요 감시 대상이 되게 마련이었지만 특히 프로코프에는 정부의 스파이가 시도때도 가리지 않고 공공연히 진을 치고 있었다. '파리떼'라고 불린 그들을 경계하며 사람들은 은어로 말을 주고받았다. 예를 들어 종교는 '말 많은 여자', 신(神)은 '존재자', 영혼은 '곰보' 혹은 '굴러먹은 여자'로 표현되었다.

어디 그뿐이었을까. 위기의 시대, 혁명 전야는 '검은 소문'이 난무하고 사람들은 스캔들을 요구하게 마련이다. 그래서 카페는 대부분 서푼짜리 문사들이 익명으로 쓴 포르노류의 희문(戲文)이나 비방문서의 발신처이기도 하였다. 당시 원한이 쌓인 민중의 가장 좋은 타깃은 고위 성직자와 루이 16세, 특히 왕비 마리 앙투아네트였다. 그녀는 탐욕스럽고 음탕한 여인으로서 그럴싸하게 사람들 입에 오르내렸다. 청년 장교 나폴레옹(대단한 커피광이었던 그는 하루에 커피를 열 잔씩 마셨다고 한다)도 프로코프에 자주 드나들어 찻값을 지불하지 못할 때는 군모를 두고 갔다고 한다. 훗날 '프랑스 혁명의 맏아들'임을 자처한 나폴레옹의 역사의식도 그가 철학 카페의 단골이었다는 사실과 무관하지 않을 것이다.

그 자신 카페맨이던 20세기의 작가 케스텐은 프로코프를 염두에 두고 다음과 같이 말하였다. "카페에서 인생을 보낸다. 그것은 일종의 생업이 되었다. 모든 세대가 카페에서 인생을 보내고 있었다. 그것은 혁명을 낳은 인물이나 혁명이 낳은 인물들이었다. 로베스피에르같이 카페에서 빈둥거린 사람들이 만인을 향해 일할 권리를 선언한 것이다."

괴테는 교양이 있는 곳에 정치가 없고, 정치가 있는 곳에 교양이 없다고 하였던가. 그러나 그는 독일과는 달리 프랑스, 특히 파리는 교양과 정치, 개인과 사회가 대립 구도를 나타내지 않았음을 잘 알고 있었다. 그의 말을 들어보자.

"파리와 같은 도시를 생각해 보게. 거기에서는 위대한 국가의 제1급의 두뇌가 오직 한 곳에 모여 있다네. 그리고 매일 서로 사귀고 경쟁하고 가르치며 발전하지. (······) 18~19세기 파리를 생각해 보게. 100년도 되지 않은 동안에 몰리에르, 볼테르, 디드로, 그 밖의 많은 사람들을 통해 그처럼 풍요로운 정신이 분출되었다네."

이때 괴테는, 마치 옛 그리스의 '아테네 학원'과 비슷한 파리의 살롱과 그리고 카페를 떠올리며 말하였음이 분명하다.

카페 프로코프는 살롱이 꽃피운 17세기 취미의 문화를 귀히 이어 받으면서 진실과 여론의 메신저, 자유롭고 유연한 지성, 즉 프랑스적 에스프리의 주요한 모태이자 요람이 되었으니 프랑스 혁명정부에 깊이 관여한 귀족적 자유주의의 정치가 탈레랑이 18세기를 산 적이 없는 자는 인생의 진정한 기쁨을 모른다고 한 말이 떠오른다.

200년 전 당신이 앉은 그 자리에

폭풍우와 같던 혁명과 정치의 계절이 지나자 프로코프는 다시 문학 카페로 돌아갔다. 그리고 그곳에는 스탕달, 뮈세, 발자크, 위고, 조르주 상드, 고티에, 아나톨 프랑스, 말라르메, 베를렌, 오스카 와일드 등 프랑스 문학사를 빛낸 문인들과 그들의 친구들이 단골로 모여들었다. 그리고 그들을 따라 신여성들과 소르본 학생들이 연인

카페 프로코프는 지금은 레스토랑으로 변신하였다.

의 손을 잡고 프로코프의 문을 두드렸다. 사실은 여손님들의 출입과 전후하여 파리의 몇몇 카페, 특히 대학 주변의 카페에서는 가르송 대신에 여급사를 두었다. 손님들이 좋아한 것이다. 이러한 카페의 변화는 파리 풍속도의 변화와 함께 진행되었다.

파리! 사람들은 '파리'라고 부를 때 무엇을 떠올릴까. 코스모폴리스인 파리는 천의 얼굴을 지닌다. 노트르담과 소르본이 상징하는 고딕적인 파리, 베르사유 궁전이 말해주듯 유럽 귀족문화의 중심지. 그리고 파리는 1789년과 그것을 이은 7월혁명(1830년), 2월혁명(1848년)이 밝혀주듯 19세기 유럽 혁명의 발신처이기도 하였다. 그리고 혁명은 파리의 모습을 더욱 크게 바꾸었다.

"지난날 존재하고 지금도 존재하는 가장 아름다운 도시일 뿐만 아니라 앞으로 존재할 수 있는 가장 아름다운 도시"가 되기를 바랐던 나폴레옹의 소원은 오스망(1809~1891)의 획기적 파리 도시계획을 통해 빛을 볼 수 있었다. 상하수도의 정비, 길가 수천의 가로수와 가로등, 시테의 개혁, 다리, 광장, 박물관 · 미술관 · 오페라극장 등 호사스러운 공공 건축, 그리고 새로이 출현한 파사쥬(아케이드), 백화점과 화랑, 고급 의상점과 레스토랑이 처마를 잇댄 명품 거리. 권력을 손에 넣은 프랑스 부르주아지의 욕망이 창출한 일대 파노라마이다. 삶의 즐거움을 집보다는 밖에서 찾는 프랑스 사람들의 본능은 필경 파리라는 찬란한 무대에 새로운 풍속도를 연출하였다. 그리고 그 큰 그림의 완성에는 시인, 작가, 예술가들의 지적 · 예술적인 파숑(passion)이 가세하였다. 그러한 흐름 속에서 파리는 카페와 카페 문화의 황금기를 맞이하였다.

언제나 새로운 시대를 향해 문을 열었던 담론의 장, 프랑스 혁명과의 인연을 프로코프는 소중히 간직하여 그 사실을 출입문 옆 둥근 대리석 간판에 자랑스럽게 새겨두고 있다. 카페 문을 닫고(1890년) 지금은 레스토랑으로 변모한 프로코프는 해마다 혁명의 날인 7월 14일을 각별한 감개로 맞이한다. 1989년 프랑스 혁명 200주년을 맞아 축제 분위기에 들뜬 7월의 어느 날 프로코프를 찾았던 나는 볼테르, 루소, 디드로, 달랑베르 등의 초상이 장식된 2층 홀 옆 볼테르의 서재(프로코프는 단골손님이던 이 문예 공화국의 제왕을 위해 서재를 마련해 주었고, 볼테르는 그곳에서 독서하고 집필도 하였다. 지금도 그때 그대로 그의 책상과 책장이 놓여 있다)를 기웃거린 뒤 '무슈'로부터 선물로 받은 메뉴판에서 다음과 같은 구절을 읽을 수 있었다.

"지금으로부터 200년도 훨씬 전에 아마도 당신이 앉은 자리에서 볼테르, 보마르셰, 마라, 당통, 로베스피에르, 벤자민 프랭클린, 베를렌과 감베타, 보나파르트 나폴레옹 같은 사람들도 식사를 했을 것입니다. 그들과 마찬가지로 우리 프로코프에 오신 당신을 환영합니다."

파리, 되마고와 플로르

파리의 멜랑코리아, 잃어버린 시간을 찾아서

파리, 되마고와 플로르

"내가 삶을 받은 곳은, 아니 그보다 오늘의 나는 1941년 3월의 어느 날 밤
파리 6구 생 제르망 거리의 카페 드 플로르에서 태어난 사람입니다."
— 시몬 시뇨레(배우)

몽마르트르와 몽파르나스 그리고 카페 되 마고

19세기 중엽 이후 파리는 오늘날의 파리에 훨씬 가까워졌다.
1826년에는 개선문이 완성되고 콩콜드 광장에 오벨리스크가 세워
진 것도 같은 해였다. 갖가지 모뉴멘트에 이어 오페라극장이 문을
열고 오르세 미술관, 그랑-팔레, 메트로의 개통 등 밤이 되면 1만
기의 가스등이 거리거리를 환히 밝혔다.

프랑스 혁명 백주년을 기념하여 열린 1889년의 만국박람회와 그
에 맞추어 세워진 에펠탑, '과학과 기술의 진보에 보내는 (파리의)
확신의 상징'으로 나타난 에펠탑은 프랑스적 취미와 예술, 그리고
역사를 외면하였다 하여 많은 예술가들을 노하게 하였다. 그러나
파리는 세기말 전후의 벨 에포크(좋은 시절)의 축제를 즐겼다. 그 축
제는 시인과 예술가, 보헤미안의 축제였으며 대중의 춤, 새로이 각
광받은 영화와 스포츠의 축제였다. 그리고 갖가지 축제의 특별 무

무명 화가들과 카페의 거리, 몽마르트르

대는 몽마르트르와 몽파르나스였으며 그 중심에 일군의 카페들이 모여 있었다.

먼저 파리 북쪽 언덕 위의 작은 마을 몽마르트르, 그곳에는 19세기 중엽 이래 브라크, 들로네, 레제, 뒤샹 등 프랑스 화가들뿐만 아니라 칸딘스키, 몬드리안, 피카소, 만 레이 등 현대 미술사를 빛낸 예술가들이 몰려들었다. 그들이 삼삼오오 모이는 곳은 물론 카페였다. 그러던 것이 20세기에 이르러 화가와 보헤미안들의 천국은 루이 14세 시대 소르본 학생들의 놀이터였던 몽파르나스로 옮겨졌다. 그 이유는 분명하였으니 많은 카페가 있어서였다. 카페의 거리 몽파르나스의 중심은 바로 1885년에 문을 연 '되 마고'이다.

몽파르나스 중에서도 특히 생 제르망 데 프레 지역의 카페에는 일찍부터 고티에, 조르주 상드, 발자크, 졸라 등 19세기 중엽 이후 프랑스 문학을 대표하는 시인, 작가들이 자주 그 모습을 드러내어, 지난날의 목가적 마을은 삶의 기쁨이라는 이미지를 잉태하면서 몽마르트르와 더불어 파리 문화를 상징하는 예술적, 지적 패션(passion)의 중심지가 되었다.

'두 중국 인형'을 뜻하는 '되 마고(Deux Magot)'라는 상호는 카페 내부의 기둥 하단에 있는 두 중국인 상(像)에서 유래한다. 유럽의 옛 카페나 명차 전문점 간판에서는 그로테스크한 혹은 유머러스한 중국인 상과 종종 마주치게 되는데, 차(茶)가 원래 중국에서 전래되었기 때문에 그에 경의를 표하고 있는 것이다. 그러나 되 마고의 중

파리 상류사회 여성의
모닝 커피(1840년경)

국인은 차가 아니라 실크의 원산지로서의 중국을 상징하고 있다.
왜냐하면 그 건물이 원래 실크를 취급한 점포였기 때문이다.

되 마고의 영수증에는 "문학 카페"라는 문구가 자랑스럽게 적혀
있으며 메뉴판에도 "지적 엘리트가 모이는 곳"이라고 선명하게 쓰
여 있다. 그리고 상징파 시인 말라르메, 베를렌, 랭보가 숭배자들에
게 둘러싸여 마시며 담론하는 모습도 그려져 있다. 그런데 그 그림에
는 모순이 있다. 베를렌과 랭보의 뜨거웠던 '연애' 관계는 베를렌이
랭보를 쏜 권총사건이 일어난 1874년 이후에는 끝장났기 때문이다.

그들 상징파 시인들과 아폴리네르, 부르통을 비롯한 슈르리얼리

스트들도 되 마고의 단골이었다. 1920~1930년대에는 시인 발레리, 릴케, 장 콕토, 오스카 와일드, 에즈라 파운드가 그리고 화가 막스 에른스트, 피카소, 브라크도 '제집 드나들듯' 되 마고에 출입하였다. 그렇듯 되 마고는 파리가 문학과 예술의 메트로폴리스로서 누린 그 벨 에포크에 카페 문화의 황금시대를 구가하였다. 그러나 좋은 시절은 얼마나 지속되었을까.

1930년대에 들어서면서 유럽의 하늘에는 파시즘이라는 불길한 구름이 드리워졌다. 파시즘을 규탄하며 1935년 부르통, 앙드레 말로, 아라공 등 좌파 작가들이 앞장서서 범유럽적 규모의 '문화 옹호 반파시스트 문학자 회의'를 소집하였다. 세계 지식인의 주목을

하오경의 카페
되 마고의 테라스

받은 그 회의는 바로 되 마고에서 열렸다. 그 회의에 참가한 앙드레 지드, 영국의 헉슬리, 소련의 에렌부르크, 파스테르나크, 오스트리아의 작가 무질, 독일의 하인리히 만, 브레히트, 제거스, 베허 등 유럽 문학을 대표한 그들은 이후 되 마고의 단골이 되었다. 이제 우리는 카페 드 플로르로 자리를 옮겨보자.

오전 0시, 플로르의 신비한 단골들

1881년에 문을 연 '카페 드 플로르(Cafe de Flore)'는 꽃과 풍요를 상징하는 여신 플로르의 이름 그대로 문학과 예술 그리고 사상의 꽃을 풍요롭게 피워 가까이에 있는 카페 '되 마고'와 좋은 라이벌 관계를 이루었다. 그리고 되 마고와 더불어 파리 카페 문화의 황금 시대를 연출하였다. 지난날 카페 프로코프는 '문학 카페', '철학 카페'라고 불리며 대체로 지식인들의 정치적 담론의 장이었다. 그러나 혁명의 계절이 지나고 19세기 중엽 부르주아지의 사치스러운 평화와 그에 이은 세기말적 탐미주의는 많은 남녀 카페맨을 낳으면서 새로운 카페 풍속도를 그려냈다. 그리고 그 중심에 플로르와 되 마고가 자리를 잡았다.

1930년 전후 정치 계절의 도래 속에서도 1920년대의 파리는 축제에 들뜨고 시인과 예술가, 작가와 지식인들 또한 '창조에 술렁이

카페 드 플로르의 테라스

는 숲' 속에서 황금의 나날을 구가하였다. 그리고 그 중심에 생 제르망 데 프레 거리가, 특히 카페 드 플로르가 자리하였다.

전위예술의 기수, 생 제르망 마을의 장로인 시인 아폴리네르는 피카소를 비롯한 여러 화가 및 시인들과 손잡고 플로르에서 문예지 『파리의 저녁』을 창간하였으며, 앙드레 지드가 중심이 되어 1908년에 출간된 『신프랑스 평론』지 및 그와 같은 해 나온 우파의 『악숑 프랑세즈』의 산실도 플로르였다. 다다에 속한 작가, 화가들도 플로르의 단골이었다. 당시 작가, 예술가들은 문예적, 정치적인 처지에 따라 저마다 유대를 다졌으나 플로르는 분파를 초월한 모두의 문예 살롱이었다.

현대 회화의 거장인 드랭은 언제나 미녀들을 거느리고 나타났다. 그중 한 여인이 밤이 늦었다고 말하면 "무슨 소리! 즐거운 시간은 이제부터일세" 하고 나무랐다. 또 밤부터 새벽에 걸친 파리를 노래하여 '파리의 소요객(逍遙客)'으로 불린 시인 파르구는 친구들과 마주치면 태연히 "플로르에서 오전 0시에 만나세" 하고는 헤어졌다. 카페 드 플로르는 낮과 아침, 밤과 야밤도 가리지 않고 단골들로 붐볐다.

『야간비행』의 작가 생텍쥐페리는 언제나 부인을 동반하였다. 조각가 자코메티, 그 밖에도 플로르의 '신비로운 참가자' 반열에는 피카소, 헤밍웨이, 카뮈, 앙드레 말로, 롤랑 바르트도 끼어 있었다. 그리고 그들에 끌려 소라야 왕비, 베트남의 옛 황제 바오 다이 1세,

대통령이 되기 전의 미테랑도 어느새 단골이 되었다.

현대 프랑스 영화의 스타들, 장 폴 벨몽드, 알랭 들롱, 로망 폴란스키 등과 함께 카르뎅, 라가펠드, 아르마니 등 패션 관계 인사들도 파리에서 커피 맛이 가장 좋다는 플로르의 단골이었음을 자랑스럽게 여겼다. 훗날 샹송 여왕, 아니 영원한 '파리의 연인'이 되는 에디트 피아프가 꽃 파는 소녀로서 귀여움을 뿌린 곳도 플로르였다(파리는 지난 2003년 그녀의 사망 40주기를 맞아 10월 8일부터 다음해 1월 말까지 시청 홀에서 '피아프, 파리의 아가씨'라는 전시회를 열어 파리를 위해 노래한 그녀에게 감사의 뜻을 표하였다). 플로르의 단골이던 여배우 시몬 시뇨레는 다음과 같이 토로한 바 있다. "내가 삶을 받은 곳은, 아니 그보다 오늘의 나는 1941년 3월의 어느 날 밤 파리 6구 생 제르망 거리의 카페 드 플로르에서 태어난 사람입니다."

플로르 창시자의 손자가 되는 작가 두랑 부발은 플로르의 지난날들을 추억하며 그의 저서 『카페 드 플로르』(1993)에서 자랑스럽게 토로한다. "신성하다고 할 감동 없이는 플로르의 그 '엄숙한' 장소에 들어갈 수 없었다. 왜냐하면 그곳에는 신화적인 인물들뿐 아니라 카페의 테이블 위에서 세기를 만든, 지금은 실체가 없어졌다 하더라도 실재하고 있는 많은 사람이 있기 때문이다. 오늘날 나이 많은 장인(匠人)들은, 마치 그것이 대사건, 자신들의 존재 양식, 더욱이 에고이즘이 파도치는 큰 바다로 나아가기 몇 시간 전에 매일 정박한 항구였던 것처럼 플로르를 이야기한다. 성당에 속하였듯이 사람들은 플로르의 단골이었다."

　많은 파리지엔에게 플로르와 되 마고를 비롯한 카페는 진정 중세 사람들의 성당과 같은 것, 그들은 바로 카페 신도였다. 1939년 제2차 세계대전이 일어났다. 전쟁은 파리 시민들에게는 '전혀 예상 밖의 미치광이 짓'이었다. 독일 제3제국의 파리 점령은 카페의 황금기에 종말을 고하는 듯하였다. 그러나 카페맨들은 굴하지 않았다. 그들은 '굴하지 않는 정신'으로 되 마고와 플로르를 지켰다.

　장화를 신은 나치스 장교들이 멋모르고 들어오면 사람들은 일제히 이야기를 중단하고 침묵 시위를 벌였다. 그리고 그들이 총총히 물러나가면 모두가 파안대소하며 다시 이야기에 열을 올렸다. 불쌍한 것은 되 마고와 플로르의 명성을 익히 듣고 설렘과 기대감으로 플로르에 찾아온 지식인 출신의 독일 신참 장교들이었다.

　그들도 결국 견디지 못하고 물러갔다. 그 암흑의 세월에 플로르는 누군가가 적절히 표현하였듯이 "폭풍우 속에 굳게 닫힌 노아의 상자배"였다.

사르트르와 보부아르의 집필실

　"나에게 플로르로 가는 길은 4년 동안 자유로 가는 길이었다"라고 장 폴 사르트르가 말하였듯이 카페는 자유를 사랑하는 모든 파

플로르 2층 홀에서 집필 중인 보부아르

리 시민의 사랑방이었다. 그것은 특히 전쟁 중 모든 이에게 프랑스와 프랑스 문화, 그리고 파리 및 자유와 동의어로 비쳐졌다. 1944년 8월 12일 해방을 알리는 노트르담의 종소리에 맞추어 사람들은 저마다 자기들의 카페에 모여들었다. 이제 전쟁 중과 전후 플로르에서 하나의 '신화'를 일군 사르트르에게로 화제를 옮겨보자.

자신의 자서전에 '말(言)'이라는 제목을 단 사르트르는 말의 달인이었다. 그의 한 친구는 이렇게 술회하고 있다. "사르트르와 자리를 같이한들 그와의 대화 따위는 존재하지 않는다. 그는 혼자서 쉴새없이 말한다. 이쪽에는 말할 틈도 주지 않고 한숨 돌릴 사이도 없이 말을 한다. 말이 바로 분류가 되어 방출된다. 사람들은 말을 하면서 자기의 말을 노트에 쓰고 있는 사르트르의 모습을 보며 놀란다." 말많은 사르트르는 당연히 대단한 카페맨이었다.

사르트르는 원래 되 마고의 단골이었다. 그러다가 전쟁 전에 여러 문인, 예술가들과 함께 난방시설이 좋은 플로르로 옮겼다. 무명이었던 가난한 시절, 그들은 시장기와 특히 추위를 견디기 어려웠기 때문이다. 전쟁이 일어나기 직전 『구토』와 『벽』을 발표하여 주목

위에서부터 사르트르,
보부아르, 카뮈

받은 사르트르는 전쟁이 일어나자 동원되었다가 포로가 되었고 탈출하여 파리로 돌아왔다.

1941년 어느 날 30대 남녀 한 쌍이 플로르에 들어섰다. 안식처를 발견한 것은 그들 중 미모의 여인, 시몬 드 보부아르였다. 사르트르의 이야기를 들어보자.

"보부아르와 나는 플로르를 주거지로 만들었다. 거기서 우리는 오전 9시부터 정오까지 원고를 쓰고, 점심을 먹기 위해 나갔다가 2시에 돌아와서 4시까지 그곳에서 만난 친구들과 이야기를 나누었다. 그리고는 오후 4시부터 8시까지 원고를 썼다. 우리에게는 플로르가 집이었다. 당시 실로 기묘한 분위기가 그곳에 감돌고 있었다. 플로르는 우리만이 살고 있는 닫힌 세계였다. '우리'란 글쓰는 사람들, 화가, 예술가, 보부아르, 나. 대단한 미남 미녀가 각각 20여 명씩……. 그러한 사람들이 닫힌 세계를 쌓아올리고 있었다. 당시 플로르는 진정한 우리의 클럽이었다. 그리고 그것을 상상하기 위해서는, 여기에서 소일하는 이들에게는 플로르 이외의 파리는 미지의 숲임을 알 필요가 있다. 그렇듯 모든 것이 생 제르망 데 프레의 진정한 시대였다. 참으로 대단한 시대였다."

한편 플로르 주인은 다음과 같이 사르트르와의 만남을 회상한다. "1942년경 문을 열면 정오까지 그리고 오후부터 폐점 때까지 플로르에 찾아오는 신사가 있었습니다. 그는 한 여성과 자주 왔습니다. 그들이 누군지 나는 오랫동안 몰랐습니다. 두 사람은 오후에는 2층으로 자리를 옮겨 언제나 방대한 자료를 펼치고 쉴새없이 글을 쓰는 모습이었습니다. 몇 달 동안이나 그들의 이름을 몰랐습니다. 어느 날 사르트르 씨에게 전화가 걸려올 때까지는. 그 뒤 우리는 친구가 되었지요. 얼마 안 있어 그는 친구들에게 둘러싸이게 되었습니다.”

'자주 함께 온 여성'이란 물론 사르트르와 생애의 동반자가 되는 『제2의 성』의 저자 보부아르다. 서로 자유로운 주체로서 어디까지나 상대에 대해 타자(他者)로서의 여자와 남자의 관계, 자유로운 우애(友愛)의 관계여야 한다는 『제2의 성』의 주장을 그대로 실천한 보부아르와 사르트르. 이 계약부부는 플로르 근처에 있는 각기 다른 자신의 아파트를 매일 거의 같은 시간에 나와 따로따로 플로르에 모습을 나타냈다.

사르트르는 플로르에서 소설, 희곡뿐 아니라 철학서까지 집필하는 한편, 보부아르의 눈치를 살피며 틈틈이 몇몇 여성들에게 하루 10통이 넘는 연애편지를 몰래 썼다고 한다. 1942년부터 다음해 겨울에 걸쳐 저술된 '반(反)신학대전'이라고 불리는 획기적인 저작 『존재와 무』의 산실도 카페 드 플로르였다.

오렌지색의 인조 모피 코트로 몸을 감싸고 밀크티를 홀쩍 마시고는 4시간 동안 원고지에서 눈을 떼지 않고 오직 쓰는 일에만 몰두하는 사르트르의 모습을 보부아르는 "모피와 잉크의 작은 폴"이라고 표현하였다. 사르트르는 그 문명(文名)이 세상을 풍미하면서 '사색

플로르의 가르송. 지금은
보통 '무슈'라고 불린다.

의 왕'으로 불리고, 적극적인 사회 참여로 '마지막 지식인'으로도
일컬어지지만 한편으론 카페의 신화를 일군 특별한 카페맨이었다.

1980년 4월 15일 사르트르는 세상을 떠났다. 몽파르나스 묘지
로 향하는 그의 관(棺)을 실은 차가 몽파르나스 길을 지나갈 때 5만
이 넘는 시민이 길을 가득 메웠다고 한다. 아마도 플로르와 되 마
고에도 특별한 감회를 지니며 사상의 마에스트로와 작별을 고하기
위해 모여든 사람들로 가득 찼을 것이다. 파리는 참으로 그와 함께

어쩌면 카페의 최상의 벨 에포크를 누렸다고 할까. 지금 카페 되마고 앞의 생 제르망 데 프레 광장은 '사르트르–보부아르 광장'으로 불리고 있다.

플로르의 또 하나의 신화, 명 가르송 파스칼

1949년 7월 2일, 파리의 어느 신문은 한 지면 전체를 "세계에서 가장 유명한 카페의 오너"로서 플로르의 제2대 주인인 부발을 대서특필하였다. 그러나 우리는 여기에서는 명(名) 가르송 파스칼에 관해 이야기를 나누어 보자. 유럽의 유서 깊은 카페에는 유명 가르송의 이야기가 붙어다니게 마련이다.

1930년경에 플로르의 가르송이 된 파스칼은 예의바르고 교양 있고, 모든 것을 보고 기억하고 통찰하는 사나이였다. 그러면서도 그는 좀처럼 단골들의 이야기에 끼어들지 않는, 그와 동명인인 『팡세』의 저자가 미덕으로서 높이 산 '섬세한' 인품을 지녔다. 파스칼은 특히 재치와 유머로 손님들을 기쁘게 하였다. 그가 언젠가 이른바 범람하는 '실존주의자들'을, "그들은 실존주의자가 아니라 비상식주의자들이다"라고 하였을 때, 사르트르를 비롯한 동석한 사람들은 모두 "그래, 그렇지" 하고 가가대소 무릎을 쳤다.

문학에 대한 파스칼의 박식과 안목은 카뮈와 같은 수준으로 평

플로르의 가르송들의 단정한 모습

가반았으며 『대낮의 암흑』의 저자 케스틀러는 파스칼에게 그의 모든 저작을 선물하였다. 파스칼과 자주 토론한 어느 철학자는 그를 데카르트라고 불렀다. "나는 카페의 가르송이다"라고 자부한 파스칼이 1970년 은퇴할 때 플로르의 단골들은 그를 전형적인 플로르맨, 카페계의 모차르트, 금세기 최고의 가르송이라고 칭송하며 아쉬워하였다. 1950년대 말의 플로르에 관해 파스칼은 다음과 같이 전해준다.

"플로르의 테라스는 갠 날에는 통행인들에게는 놀랄 만합니다. 관상쟁이에게는 연구 과제가 얼마나 많겠습니까. 전체적으로 모두가 편안한 표정을 하고 있습니다. 기쁨이 많은 손님을 밝게 하고 빛을 드러내게 합니다. 독특한 지성을 나타내는 쾌활한 시선, 몇 사람은 유리 지붕에 상처를 입히는 큰 제스처를 섞어가며 이야기를 합니다. 가장 괴이한 의상이 최고의 정장과 나란히 자리합니다. 색채는 화려합니다. 아주 어여쁘고 우아한 여손님이 그 아름다움으로써 테라스 전체를 돋보이게 하고 그와 조화를 이룹니다. 생 제르망 데 프레는 앞으로도 변함없이, 그렇다고 하더라도 얼마나 갈지 모르지만, 파리의 마지막 마을로 남을 것입니다. 그곳을 모르는 당신은 필시 놀랄 것입니다. 사람들의 기품, 그들의 예의바름, 겸손한 말씨, 그리고 같은 시간에, 한 장소에서 풍기는 진정한 우아함을 알아차린다면. 생 제르망 데 프레로 말하자면 그곳은 세계 지성의 수도입니다. 우리에게 태양의 빛, 상쾌한 공기가 있고 부드러운 손님이 있으면 신이 만드는 나날로 충분합니다."

1947년 어느 날 플로르의 주인인 부발의 부인은 미국에서 날아온 한 통의 편지를 받았다. 편지를 보낸 사람은 프랑스 귀족과 결혼한 미국 여성이었다.

"친애하는 내 친구에게, 우리의 소중한 카페 드 플로르에 관한, 특히 친절하고 충실한 우리의 파스칼에 관한 물건을 동봉합니다…… 내 마음의 고향 프랑스는 가혹한 시련 뒤에 다시 일어서려 하고 있습니다. 만세! 세계 문명의 위대한 중심이며 예술가들, 그리고 창조하는 존재들의 사랑채에 만세를 보냅니다. 1940년 6월에 그곳을 떠난 뒤 많은 세월이 흘렀지만 인생에서 가장 행복한 시간을 보낸 프랑스만이 진정한 나의 집입니다."

동봉한 물건이란 미국 신문에 실린, 플로르의 테이블에서 파스칼로부터 커피를 서브받고 있는 피카소의 사진을 오려낸 것이었다.

파리를 참으로 좋아한 『북회귀선』의 작가 헨리 밀러는 "생 제르망 데 프레가 사라지는 날, 프랑스는 달랠 길 없는 미망인이 되고 그 뒤 오래 살지는 못할 것이다" 하고 말하였다. 우리는 카페가 없는 파리, 카페가 없는 프랑스 문화를 생각할 수 있을까. 요즘에도 플로르 2층에서는 오후가 되면 원고를 쓰거나 인터뷰하는 사람들의 모습을 볼 수 있다. 그리고 플로르와 되 마고는 세계에서 모여든 사람들로 언제나 붐비고 있다.

공항으로부터 바로 플로르로 직행하는 플로르맨도 있다지만 파

리 여기저기를 찾아다닌(파리는 사람을 지나치게 부지런하게 만든다) 끝
에 들러 한두 시간을 테라스에 앉아 보내는 무위(無爲)의 시간은 나
에게 있어서는 파리에서의 제일 좋은 시간이다. 나에게 플로르는
멋진 책방 '라 윤느'가 바로 곁에 있어 발걸음이 더욱 즐겁다.

베네치아, 카페 플로리안

"카페 플로리안으로 가자"

베네치아, 카페 플로리안

"베네치아, 우리는 알고 있노라. 그대의 미로와 미궁(迷宮)을!"
— 앙리 드 레니에

베네치아, 바다 위 하늘에 그려진 미학

　소년 시절 본 이후로 두고두고 잊혀지지 않는 한 장의 사진이 눈에 선하다. 사공이 해변가 옛 건물들을 배경으로 곤돌라를 저으며 밤바다를 향해 가는 고즈넉한 광경이었다. 검게 칠한 곤돌라와 검은 바지에 흰 저고리 차림의 사공, 그리고 밤바다. 적막감을 강하게 풍기는 검은 빛의, 까닭이 있음직한 그 풍경은, 여름방학 때 해수욕을 즐기다 사람들이 거의 자취를 감춘 뒤 어둠과 정적이 찾아든 밤바다에서 멀리 수평선을 바라보며 어린 마음에 느꼈던 무서운 고독감과 겹쳐졌다. 마치 죽음에라도 유혹되듯 밤바다를 홀로 저어가는 곤돌라 사공의 실루엣. 그것은 바다 위 도시 베네치아를 둘러싼 나의 유럽의 원풍경(原風景), 원체험이었다.

　바다의 도시 베네치아. 아드리아 해 바다 밑 점토층에 박힌 수백만 개의 떡갈나무 말뚝이 기층이 되어 자그마치 118개의 섬과 117

개의 운하, 400개의 다리가 연결되고 결합된 수륙양성(水陸兩性)의 베네치아. 그 수상 도시의 풍경은 소년 시절부터 나에게 불가사의요 상상력을 요구하는 수수께끼, 유혹하는 미궁(迷宮)이었다.

"신이 자연을 낳고 인간이 도시를 만들었다"고 하지만 수면 아래 숲을 이루고, 그 위에 도시를 만든다는 기상천외의 발상은 과연 어디에서 나왔을까. 베네치아가 피라미드나 만리장성처럼 오만한 제왕들의 권력 의지가 아닌, 몇천 유배된 사람들이 생사를 걸고 비상한 상상력으로 일군 대역사(大役事)였다는 사실이 참으로 경외롭다.

베네치아는 모험적인 항해자와 상인의 도시. 귀족을 포함하여 남성 모두가 항해자이며 상인이었다. 그들은 9세기에 도시 형태를 이룬 뒤 11세기 이후 15세기 말까지 황금시대를 이루어 "공화국의 귀부인", "이탈리아의 진주"라고 불렸다. 한때 영국 전체를 능가하였다는 베네치아의 부(富)의 원천은 동방무역이었다. 아니 그에 앞서 미지의 세계를 향한 사나이들의 열정과 모험이 있었으니 그것은 또한 베네치아에 독특한 미학(美學)을 발산하였다.

베네치아의 아름다움은 비잔틴-로마네스크 양식의 성 마르코 대성당과 베네치아 고딕 양식의 우아한 통령궁이 주역으로 연출하는 오리엔트풍의 장려하고도 환상적인 성 마르코 광장의 풍광에서 특히 빛난다.

베네치아는 도시 건설에서 고전 고대만을 고집한 피렌체와는 달리 12~13세기에는 비잔틴 양식(성 마르코 대사원, 터키 상관, 로렌달

베네치아, 우수의 다리(사전트, 1903-04)

궁, 파르세티궁), 14~15세기에는 베네치아 고딕 양식(통령궁, 포스카리궁, 도로궁), 16세기에는 르네상스 양식(성 조르조 마조레 성당, 그리마니궁, 코르네르궁), 그리고 17~18세기에는 바로크 양식(산타 마리아 델라 살루테 성당, 페사로궁)에 열정을 바쳐 오늘날까지 저마다 양식을 달리하는 건축군(群)이 서로 독특한 아름다움을 겨루며 세계에 둘도 없는 고혹적인 풍광을 이루어 우리를 유혹한다.

마치 미의 여신 아프로디테와도 같이 바다에서 태어난 도시 베네치아. 지중해의 한없이 투명한 블루의 하늘과 바다가 서로 사랑놀이를 즐기듯 넘실거리는 빛과 물의 난무(亂舞), 그 놀이가 잉태한 부도(浮島). 그것은 분명 우리를 현혹하는 변환자재(變幻自在)의 환상의 세계이다. 우리는 성 마르코 광장과 카페 플로리안을 찾기에 앞서 먼저 베네치아파의 회화를 떠올려야 할 것이다.

15~16세기 이탈리아 르네상스 회화는 피렌체와 베네치아를 중심으로 크게 둘로 나뉜다. 베네치아파의 특징은 강렬한 색채의 아름다움. 라파엘로에 이르러 완벽하게 구현되는 이상미(理想美)를 지향한 피렌체의 화가들과는 달리 베네치아 화가들은 화려하고 관능적인 색채를, 그리고 그 색채에 아로새겨진 비밀스럽고 환상적인 세계를 꿈꾸었다.

베네치아파의 두 거장 조르조네와 티치아노. 은유적인 초록빛 환상세계를 보여주는 조르조네의 「폭풍우」(1505년경), 관능미 넘치는 티치아노의 꽃의 여신 「플로라」(1515년경)와 「우르비노의 비너

베네치아 원경
(모네, 1908-12)

스」(1538). 피렌체가 천상의 질서에서 미의 여신을 찾았다면 베네치아는 지상의 현실에서 육체를 꿈꾸었다. 베네치아의 미의식에서 우리는 오리엔트와의 각별한 친화와 비잔틴 미학의 깊은 영향을, 그리고 바다 위 도시라는 특이한 풍토 속에서 길들여진 독특한 정념을 감지한다.

밤바다를 젓는 곤돌라의 멜랑콜리한 형이상학적 풍경, 운하를 따라 이어지고 사라지는 이슬람풍의 미로(迷路) 공간. 프루스트는 베네치아를 미로의 꿈으로 묘사하였던가! 모험을 즐기는 뱃사나이들과 상인들, 끼많은 여인들, 밤을 지새우는 민중의 광혹(狂惑), 베네치안의 야심과 간계, 호사와 일락(逸樂), 그 모든 것은 꿈꾸는 바다 위 도시의 정념.

동양과 서양이 만나는 십자로, 수륙양성의 물의 도시, "바다 위에 세워지고 하늘에 그려진 거리"(펠리니). 우리는 갖가지 변주곡을 타는 베네치아의 정체성을 어디에서 찾아야 할까.

색색의 짙고 옅은 무늬로 넘실넘실 출렁이는 베네치아는 인상파 화가에게 참으로 좋은 화제(畵題)였다. 모네는 1908년 10월 베네치아를 방문하여 '끝없이 새록새록 솟는 매혹'의 도시에서 2개월 넘게 지냈다. 그는 빛과 공기와 물의 출렁임을 주조음으로 하는 바다 위 도시를 '돌로 된 인상파'로서 표현하고 「황혼, 베네치아」(1908)를 비롯하여 29점의 '베네치아 풍경'을 그렸다. 눈부시게 투명한 지중해의 빛과 바다와 공기, 그 출렁임은 문학적·음악적 상상력을, 명석한 철학을, 그리고 관능적 미학을 잉태하여 뮤즈의 찬란한 아들딸들을 대를 이어 끌어들였다.

플로리안, 카페 중의 카페,
그가 나부끼는 깃발은 공화제

베네치아는 가을이 가장 아름답다고 한다. 가을이 지나 겨울이

홍수 속에서
플로리안을 찾아 커피를!

되면 약간의 적막과 애수, 그리고 장마가 찾아든다. 그때가 되면 물
이 건물 내부에까지 침입하여 성 마르코 광장도 물바다를 이룬다.
지금 내 탁상에는 한 장의 그림엽서가 놓여 있다. 카페 플로리안에
보트를 저어 찾아온 두 젊은이에게 쟁반을 든 가르송이 찻잔에 커
피를 따라주는 장면이다. 배경의 성 마르코 대성당이 안개 속에 희
미하고 여느 때와 같은 가르송의 정장 차림이 몹시도 정겹다.

앞에서 살펴보았듯 터키 주재 베네치아 공화국 대사는 1585년 본국 정부에 보낸 터키 제국의 정세에 관한 보고서 말미에 다음과 같이 부언했다. "여기 콘스탄티노플에서는 터키인들이 무료함을 달래기 위해 길거리나 점포에서 카베라고 불리는 종자에서 채취한, 끓어오르는 검은 색깔의 음료를 마십니다."

'검은 색깔의 음료'란 커피를 말한다. 아프리카가 원산지이며 아라비아권에서 애음된 커피가 유럽에 수입되는 것은 1660년경이었으며, 그 경유지는 오리엔트 교역의 유럽 거점이던 마르세유, 그리고 바로 베네치아였다.

1720년 성 마르코 광장, 베네치아 공화국의 최고 통치자인 통령(統領) 궁전의 회랑 한쪽에 오늘날 베네치아에서, 아니 이탈리아에서 가장 오래된 카페 '플로리안(Florian)'이 문을 열었다. 그 무렵 이 바다 위 도시에는 플로리안을 비롯하여 약 200개에 이르는 카페가 있었다고 한다. 카페의 상호는 아라비아인, 비잔틴 황제, 오르페오, 풍윤(豊潤), 황금의 잎새, 다이애나의 샘, 새벽, 용기, 희망 등으로, 그 상호들은 당시 베네치아 사람들이 커피와 더불어 무엇을 연상했는지를 엿보게 하여 자못 흥미롭다. 18세기 초에 이르면 수백에 이르는 크고 작은 카페가 골목까지 처마를 맞대고 성황을 이루었다. 생계를 꾸릴 특별한 노하우가 없을 때 사람들은 카페를 차리면 걱정을 면할 수 있다고 말하곤 하였다.

카페 플로리안은 이름 그대로('플로리안'은 라틴어로 '꽃다운'이라

오페라 공연을 앞두고 플로리안에서 잠시 포도주를 즐기는 배우들

는 뜻이다) 아름다운 실내 장식으로 화제가 되고 많은 손님으로 붐볐다. 아침에는 상인들이 상거래를 위해 그리고 장인들 또한 일거리를 찾아서 일찍부터 서성거렸다. 낮부터는 귀족들이 밤늦도록 사교를 즐겼고, 밤늦게 극장이 파한 뒤에는 정장한 신사 숙녀들이 무대의 흥분을 가라앉히기 위해 삼삼오오 몰려들었다. 다른 카페와 마찬가지로 플로리안도 겨울에 특히 붐볐다. 좋은 난방 시설을 갖추었기 때문이다. 플로리안은 날로 번성하여 "플로리안으로 가자(안데모 다 플로리안)"라는 말이 베네치아 시민들의 입버릇이 되었다.

한편 18세기의 이탈리아 카페들은 도박과 매춘 알선의 소굴이자 장물의 은닉처이기도 하였다. 그만큼 한량들의 출입이 잦았다. 이점에서 명문 플로리안도 예외가 아니었다. 그 도박판에는 성직자들도 끼어들었다 하니 당시 도박은 죄가 안되는 놀이 정도로 여겨진 모양이다. 플로리안의 상습 도박꾼 중에는 카사노바(1725~1798)도 있었다. 베네치아 태생의 방랑작가이며 희대의 플레이보이였던 그는 플로리안의 단골 중 단골로서 카페에서도 도박과 엽색 행각에 열을 올렸다. 삼류 극단 배우의 아들이었던 그의 허풍을 엿듣기 위해 바람기 많은 여인들도 플로리안에 찾아들었다.

열린 담론의 터전, 카페는 온갖 소식과 정보가 모이고 사방으로 퍼지는 곳. 이탈리아 최초의 신문 『가제타 베네타』(1760년 창간)도 플로리안에서 만들어졌다. 발행인인 고치 백작은 창간호에서 플로리안을 찬탄하고 그곳에서 편집회의를 자주 열었다. 당시 신문은 카페에 출입하는 사람들을 제일의 독자로 여기며 편집되었다.

플로리안은 또한 역사 창출의 증인, 플로리안은 프랑스 혁명, 나폴레옹의 점령(1797), 오스트리아의 침입과 지배(1806~1814), 나폴레옹의 재침, 오스트리아의 재지배 등 파란 많은 모시(母市) 베네치아의 역사의 증인이요 무대이기도 하였다. 카페는 담론과 사교를

즐기는 교양인들의 사랑방, 교양은 역사의 격랑 속에서 비판적인
지성이 되었다. 프랑스 혁명은 플로리안을 정보와 뉴스의 센터로,
그리고 혁명을 지지하는 국내외 지식인들의 집합 장소로 만들었다.
그만큼 당국의 경계도 엄하여 비밀경찰이 매일같이 플로리안에 들
러 블랙리스트에 오른 인물들의 동태를 감시하였다.

　　나폴레옹의 점령하에서는 베네치아의 모든 극장이 텅 비기도 하
고 검은 옷을 입은 관객들로 가득 차기도 하였다. 그것은 애국자들
의 투옥에 대한 항의이며 극장 귀빈석을 차지한 점령군 장교들에
대한 시위이기도 하였다. 성 마르코 광장에
서 오스트리아 군악대가 연주를 하면 모든
시민이 일사불란하게 그곳을 빠져나가
기도 하였다. 한번은 극장 무대에서
한 발레리나가 이탈리아 삼색 국기
가 그려진 발레복을 입고 춤을 춰 관
중으로부터 박수갈채를 받았다. 그

플로리안의 객실 모습.
왼쪽은 '자유의 방',
오른쪽은 '중국인의 방'

리고 저항의 메시지는 플로리안에서 발신되었다. 1848년 이탈리아 해방을 위해 일어난 봉기 때에는 부상당한 데모 참가자들로 플로리안은 마치 야전병원을 방불케 하였다. 그러한 플로리안에 대해 당시 한 신문은 다음과 같이 격찬하였다. "베네치아의 카페 중의 카페, 그가 나부끼는 깃발은 공화제, 그 대표자는 마치니, 인장(印章)은 성 마르코."

전란과 혁명의 계절에도 플로리안은 낭만을 즐기는 남녀들로 변함없이 붐볐다. 한 연대기 작가는 다음과 같이 기술하고 있다. "투쟁의 계절에도 베네치아 사람들은 예전과 다름없이 성 마르코 광장을 산책하고 언제나처럼 카페를 찾는다. 한밤중에 포도주 잔을 부덮치는 소리와 노래 소리가 들려온다."

창업주인 발렌티노가 작고한 뒤 플로리안은 미술 아카데미의 교수를 새 주인으로 맞았다. 그가 단장한 메인 룸 '통령의 방' 벽에는 '자연과학과 진보'를 상징하는 그림이 걸리고 두 방은 '그리스인의 방', '오리엔트의 방'으로 불리고 그리스와 페르시아의 풍물로 벽이 장식되었다. 가장 인기가 좋았던 '중국인의 방'에 들어서면 중국 전통 복장을 한 남녀의 그림이 눈길을 끈다. 차의 시배지(始培地) 중국에 대한 경의의 표현으로 꾸며진 이 '중국인의 방'에 관해 플로리안의 단골이던 프랑스 시인 레니에(1864~1936)는 다음과 같이 말하고 있다.

"중국인의 모습에는 사람의 마음을 사로잡는 매력이 있다. 자기(瓷器)가 그려진 벽에 그는 상냥하게 미소지으며 자랑스럽게 서 있다. 푸른 비단의 짧은 옷을 몸에 걸치고, 산호 단추로 그것을 멈추고 있다. 발에는 우아한 모양의 신발, 얼굴은 중국인의 독특한 생김새, 살결은 느낌이 좋은 황색이다. 청조(淸朝)의 관료들이 길고 섬세한 사대부풍의 수염을 늘어뜨린 모습은 중국 시(詩)에 나오는 그 동배들의 모습 그대로이다. 때때로 우리는 그의 것이며 그가 우리를 위해 잡아준 듯 생각되는 저 방의 구석자리를 찾는다. 그는 바로 (우리가) 만나는 장소가 되었다. '중국인 아래서 5시에'라고 하면 그것은 그 시간에 플로리안에서 만나자는 뜻이다."

베네치아, 사는 기쁨의 극장도시

　모든 바닷길은 베네치아로 통한다고 일컬어졌지만, 이 수상 도시
에도 황혼이 찾아들었다. 그 계기가 된 것은 터키군의 콘스탄티노
플 점령(1453), 콜럼버스의 대서양 횡단(1492), 그리고 바스코 다 가
마의 인도 항로 발견(1498)이다. 이제 지중해를 주무대로 한 베네치
아 중심의 오리엔트 교역이 막을 내리고, 포르투갈·에스파냐·네
덜란드·영국에 의한 대서양 대항해 시대가 열렸다.

　욕심 많고 거친 모험가들이 퇴장한 뒤 베네치아 역사를 새로이
쓴 것은, 철저한 실용주의자였던 조상들과는 딴판인, 꿈꾸는 심미
주의자들이었다. 상인의 시대가 물러가고 예술과 교양의 시대, 르
네상스가 도래한 것이다. 그 뒤 18세기에 들어서면 베네치아는 풍

Le maschere della commedia dell'arte ...

Capitan Spezzaferro　　La Cantatrice　　Fritellino　　Leandro　　　　　　Meo Patacca

요로운, 그러나 퇴폐적인 회춘(回春)을 맞는다. 그 무대는 12개의 극장, 300여 개에 이르는 상류 계급의 팔라초와 빌라, 광장과 운하 여기저기에 처마를 맞댄 200여 개의 카페, 1만 척이나 되는 곤돌라(지금은 500척이라고 한다)였다. 어느 작가는 당시의 베네치아를 '불길'에 비유했다. 그 불길은 오페라·연극·투우·수상 창(槍) 경기, 각종 호화 퍼레이드, 특히 카니발을 통해 활활 타올랐다.

해마다 12월 말경부터 여름까지 이어지는 베네치아의 카니발은 베네치아에서는 단순한 축제나 이벤트가 아니라 일상적인 삶 그 자체였다. 카니발의 주역인 가면놀이는 통령과 로마 교황청 대사를 비롯한 귀족 귀부인과 수녀, 하인 하녀에 이르기까지 모든 사람들이 참가하였다. 그리고 이탈리아 내외 여러 지역으로부터도 모여들었다. 카니발 기간에는 베네치아의 인구가 두 배로 늘어난다고 한다. 그간 "베네치아는 단 한 사람 '가면 신사'가 있을 뿐이었다."

'놀이'는 노동 이상으로 집단적 성정을 잘 드러내며, 가면극만큼 베네치아 사람들의 기질과 멘탈리티, 그리고 정체성을 잘 나타내는 것은 없다. 그렇지 않아도 극장 무대와 같은 베네치아는 카니발 계절이면 극장도시가 되었다.

얼굴은 속마음을 내비친다고 하나 그것이 얼마만큼 진실일까. 그것은 오히려 성직자와 상인의 얼굴, 선원과 군인, 귀부인과 집사의 얼굴, 다시 말해 신분에 따라서 조련된 표정, 말하자면 탈이 아니던가. "가면을 쓰고 있으면 무엇이든 할 수 있다"고 한다. 그렇다면 가면극이야말로 마음의 심층적 리얼리티를, 정직한 자아를 드러내는 본얼굴이라고 할 것이다.

베네치아는 언제라도 침하될 도시이다. 베네치아의 고문서관에 소장된 치수(治水) 담당관의 기록에도 "우리의 아름다운 많은 섬들이 범람으로 인해 침하되어 소멸 직전의 상태에 있다"는 구절이 있다고 한다. 바다 위 도시의 비현실성과 상실감, 육지를 꿈꾸며 미지의 세계로 향한 항해자의 노스탤지어. 베네치아인들이 디오니소스적인 가면놀이에 연중 몰두한 그 심산이 짐작된다.

불안과 위기의 정념은 또한 언제나 유미주의적인 쾌락을 잉태하고 분출했다. 점잖은 바젤의 문화사가 부르크하르트도 "베네치아의 궁극적인 목적은 권력과 인생을 즐기는 일"이라고 지적하지 않았던가.

이 바다 위 도시의 '사는 기쁨'에는 살롱 귀부인들이, 대개가 귀족의 정부인 교양 있는 기녀(妓女)들과 함께 앞장섰다. 베네치아가 한창 문화의 완숙기를 누린 16세기, 그들 바람기 많은 여인의 수는 2,000을 헤아렸다. 그녀들을 찾아 씀씀이가 좋은 영국 남성, 여성 숭배의 프랑스 남성, 사교적인 에스파냐 남성, 연애박사 이탈리아 남성들이 베네치아에 모여들었다. 상류사회의 부인들은 검은 베일을 쓰고 즐겨 카페에 출몰했으며, 특히 카니발 기간에는 마음껏 '자유'를 누렸다. 낭만적인 곤돌라도 그녀들의 자유와 기쁨을 위한 소도구의 구실을 훌륭히 다했음은 물론이다.

베네치아의 여인
(사전트, 1882)

　베네치아의 여인들은 전유럽에 '베네치아풍 블론드'의 방명(芳
名)을 뽐냈다. 여인들의 끼를 지칭하는, 모차르트의 희극 오페라 「이
처럼 모든 여인이 한다」는 당시의 베네치아 여인들을 말하는 것만
같다. 베네치아의 여인들은 전 유럽에서 제일 먼저 인구 조절을 했
으며, 남성은 말자(末子)에 한해 결혼할 수 있었고, '사랑'은 남녀 구
별 없이 베네치아 사람들의 특기였다. 그리하여 여성들 또한 응수하
였다. "이처럼 모든 남성은 한다." 프랑스의 작가 앙리 드 레니에는
『사랑의 여행 또는 베네치아 안내』에서 다음과 같이 토로하였다.

　"베네치아는 사랑의 선물, 이 거리의 주요한 일은 정성을 다하는
사업, 그것은 사랑하는 것이다. 이 관능적인 행위에는 국민 전체가

협력한다. 베네치아의 여인들은 귀부인이든 기녀든 그 사명을 다하고 있다."

플로리안의 순례자들, 괴테에서 토마스 만까지

베네치아가 발산하는 독특한 매력에 제일 먼저 현혹된 것은 시인과 예술가 그리고 에피큐리언들이었다. 그들은 모두 카페 플로리안의 좋은 단골이 되었다. 로마의 카페 그레코와 파리의 프로코프와 더불어 유럽 최초의 문학 카페 플로리안이라는 파르나스의 반열에 오른 첫번째 인물로 우리는 루소를 꼽을 수 있을 것이다.

루소는 1743년부터 다음해까지 프랑스 대사의 비서로 베네치아에 머물며 매일 플로리안에 출입하였다. 괴테도 베네치아에 들르면 꼭 플로리안을 찾았다. 하루 열 잔 이상 마실 만큼 커피광이며 젊은 사관 시절에는 프로코프의 단골이기도 하였던 나폴레옹이 점령군 사령관으로 베네치아에 입성하고 제일 먼저 찾은 곳도 플로리안이었다. 그는 성 마르코 광장에 자리잡은 플로리안을 "세계에서 가장 아름다운 살롱"이라고 극찬하였다.

스탕달도 베네치아와 플로리안을 좋아하였으며 작곡가 로시니와 언제나 테이블을 같이하였다. 베네치아에서 어느 백작부인과 자유분방한 나날을 보낸 시인 바이런은 러스킨과 더불어 "베네치아

초콜릿을 즐기는 베네치아의 신사들(18세기)

의 아름다움의 발견자"라는 명예를 지니고 있다. 바이런은 사람들로 북적거리는 카페를 좋아하지는 않았지만 어쩌다 플로리안에 들르면 같은 영국 출신의 시인 셸리와 테이블을 같이하였다.

바이런과 관련하여 철학자 쇼펜하우어의 베네치아 에피소드를 한토막 적어보자. 젊은 쇼펜하우어도 플로리안의 단골이었다. 그는 1818년 11월, 그 무렵 『이탈리아 기행』을 간행한 괴테에게 편지를 보내, 이탈리아 여행에 관한 조언을 청하였다. 괴테는 마침 베네치아에 체류 중이던 바이런 경에게 보내는 소개장을 보내왔다. 쇼펜하우어는 기뻐하고 시인을 만나기를 크게 기대하였다. 그러나 그는 곧 그 바람을 단념하였다. 그 이유를 훗날 쇼펜하우어는 친구에게 다음과 같이 토로한다.

"나는 괴테의 편지를 갖고 바이런을 찾아가기로 마음먹고 있었으나 단념하였다네. 하루는 연인과 산책하고 있는데(그도 베네치아 여인과 열애 중이었다) 그녀가 흥분하며 소리를 지르는 것이 아닌가. 보세요, 영국 시인이에요! 바이런이 말을 타고 우리 곁을 질주하고 있는 것이 아닌가. 내 애인은 그날 종일 바이런 얘기만 했다네. 나는 괴테의 소개장을 이용하지 않기로 작심했지. 그녀가 바이런과 바람이 날까 두려워서 말일세. 지금 생각하면 후회가 막심하다네."
쇼펜하우어는 그 뒤에도 무슨 일이 일어나면 꼭 책임을 여인들에게 뒤집어씌우는 버릇이 있었다. "중요한 일을 하려면 여인들이 꼭 방해를 한다"고 말하면서.

프랑스의 여류작가 조르주 상드는 쇼팽, 리스트에 이어 세 번째 연인인 시인 뮈세와 함께 플로리안의 단골이었다. 그들 외에도 베네치아 시민들은 테라스에 앉아 커피를 즐기는 많은 작가와 화가들과 함께 이탈리아 통일의 아버지 마치니와 가리발디의 신봉자들이 정치 담론에 열을 올리는 광경을 볼 수 있었다.

20세기에 이르러서도 뮤즈의 적자(嫡子)들의 플로리안 순례는 그치지 않았다. 작곡가 바그너는 그의 호사한 성격이 베네치아와 궁합이 잘 맞아 그곳에 머물러 있는 동안 아침식사를 대개 플로리안에서 하였다. 그 시간이 되면 모국의 거장에게 경의를 표하기 위해 오스트리아 군악대가 성 마르코 광장에서 「탄호이저」 서곡을 연주하였다.

바그너에 이어 영국 작가 디킨스, 시인 브라우닝, 프랑스 작가 프루스트, 공쿠르 형제, 아나톨 프랑스, 레니에, 모리스 발레스, 화가인 모네, 마네, 독일의 하이네, 니체, 오스트리아의 호프만스탈, 그리고 릴케도 베네치아와 플로리안 순례의 대열에 합류하였다. 토마스 만은 그의 탐미주의적 작품 『베네치아에서의 죽음』(1912)의 구상을 플로리안에서 얻었으며, 이탈리아의 시인 단눈치오가 국제적 미술전이라는 새로운 아이디어를 생각해 내고 '베네치아 비엔날레'를 성사시킨 곳도 바로 플로리안이었다.

많은 시인과 작가, 예술가들이 베네치아에 대한 그들의 사랑을 토로하였다. 그 중에서도 생애를 통해 베네치아를 가장 좋아하고

성 마르코 광장의 저녁(가마라노, 1869)

사랑한 존 러스킨과 레니에의 아름다운 구절을 떠올려보자. 19세기 고딕 리바이벌 운동에 불을 당긴 『베니스의 돌』(1851~1853)의 저자에게 베네치아는 "아름다운 것 이외의 것들을 모두 잃은" 것으로 비치고 산 마르코 대성당은 "균형잡히고 풍요롭고 환상적인 색채의 작품으로, 인간의 상상력을 가득 채운 가장 아름다운 꿈"으로 비쳤다. 한편 오랜 세월 베네치아에 정주한 프랑스 시인 레니에는 베네치아를 읊은 시집 『물의 서울』(1902), 『베네치아 스케치』(1906)를 남겼다. 그는 노래하였다.

"참으로 여기는 기이한 아름다움이 떠도는 불가사의한 곳이 아닌가. 그 이름을 듣는 것만으로도 일락과 우수의 심정이 솟아오른다. 말해보아라, '베네치아'라고."

세상에서 가장 아름다운 카페

플로리안은 1976년, 창업 당시의 모습 그대로 새로이 단장, 국내외의 많은 시인, 작가, 예술가들을 초빙하여 창업 200주년을 자축하였다. 이때 베네치아는 다음과 같은 찬가를 플로리안에 바쳤다.

"유럽은 세계에서 가장 아름다운 곳. 이탈리아는 유럽에서 가장 아름다운 나라. 베네치아는 이탈리아에서 가장 아름다운 도시. 성 마르코 광장은 베네치아에서 가장 아름다운 광장. 그리고 플로리안은 그 광장에서 가장 아름다운 카페이다. 그러므로 우리는 세계에서 가장 아름다운 곳에서 커피를 마시고 있는 셈이다."

십수 년 전 어느 날, 지중해 정오의 햇살이 몹시도 눈부시게 작열하는 성 마르코 광장, 나 또한 이 환상의 도시에 이제야 입성했다는 행운에 들뜬 나그네가 되어 대성당과 통령궁, 종루와 긴 회랑을 여기저기 확인이나 하듯 탐색하고 기웃거렸다. 여기가 바로 성 마르코 광장! 광장은 바닥에 깔린 대리석이나 납작돌 한 점까지도 1,000년 베네치아의 영욕의 역사가 새겨진 비문(碑文).

나의 들뜬 설렘은 광장에 밤의 장막이 내리고 불빛을 휘영청 밝힌 플로리안의 테라스에 자리를 잡은 뒤에도 좀처럼 가라앉지 않는다. 티테이블이 얼마나 될까. 길고 긴 테라스를 가득 메운 관광객들, 그들 모두가 한번쯤 꿈꾸었을 베네치아에 드디어 왔노라는 기쁨을 드러내며 흥겹게 파안대소 떠들어댔다. 몇 시나 되었을까. 취기가 오른다. 커피에 이어 마신 포도주 탓만은 아니리라. 성 마르코 광장이 그리고 베네치아가 나를 이토록 흥분하고 취하게 만든 것일까. 플로리안의 즉석무대에서 타는 폴카에 더 취하기 전에 자리를 뜨자.

아직도 여기저기 환성(歡聲)이 들려오는 광장을 벗어나 호텔로 향한다. 운하를 따라 인기척이 드문 어두운 골목길 두 번째 홍예다리 위에서 몸을 굽혀 운하를 내려다보니 홀연히 고독감이 밀려온다. 어쩌다 나그네길에서 맛보아온 에트랑제의 감상적인 고독과는 딴판인 '가벼운' 고독이다. 한데 몰리고 서로 스친 비좁은 골목길에서 맛본 베네치아의 '가벼움.' 일순 베네치아가, 바그너의 오페라 무대에 출현함직한 밤바다에 중세풍의 성채(城砦)와 어우러져 나를 고혹하는 것이 아닌가. 어릴 적 밤바다는 나에게는 언제나 무서운 명계(冥界), 그러면서도 그 이미지는 짓궂게도 감미로웠다. 에로스와 죽음이 굴절되고 교차되는 베네치아의 변환자재(變幻自在)! 그 환상을 뿌리치며 나는 호텔로의 길을 재촉하였다. 일순『파우스트』의 한 구절이 떠올랐다.

　내가 어느 순간, 멈추어라,
　그대는 참으로 아름답다고 말하면
　그대는 나를 묶어매도 좋다.
　바로 나는 기꺼이 사라져 없어지리라.

로마, 카페 그레코

"만세 로마, 만세 그레코!"

로마, 카페 그레코

"여기 로마에 온 이방인들은 모두가 상냥한 사교가가 된다.
그들은 로마에 머무는 동안 한순간 한순간 자신을 더 성숙하게 하고
예술적 위대함과 아름다움에 대한 센스를 높이고자 하는 바람으로
서로 맺어져 있다. 그들이 모이는 곳은 카페 그레코이다."

— 모리츠(고전학자)

로마, 거대한 역사의 파노라마

로마는 거대한 풍경, 아득한 역사와 자연이 하나로 풍화되어 슬기롭게 이루어진 풍경. 나에게 로마는 콜로세움이라는 역사의 풍경으로 다가온다. 지중해의 짙은 코발트색 하늘 아래 세계 제국의 영고성쇠, 위대한 구상력을 지금도 가차없이 떠올리게 하는 콜로세움, 그것을 둘러싼 풍경을 저만치 거리를 두고 바라보노라면 로마가 현존하는 도시임을 잊게 된다. 사실 로마는 하나의 도시가 아니라 광대무변한 역사의 그림 두루마리를 연달아 펼쳐 보여주는 파노라마이다.

콜로세움을 한복판에 두고 로마를 그리면 그에 비길 고귀한 풍경으로는 이집트의 사막 위에 우뚝 솟은 기자의 피라미드군(群)과 아테네 아크로폴리스의 파르테논 신전이 아득히 떠오른다. 모두가 눈부신 지중해를 마주하고 있다.

로마의 스페인 광장. 카페 그레코는 이 광장 앞 콩도티 거리에 있다.

눈을 감으면 시저 군단의 말굽 소리가 들려오는 포로 로마노, 로마와 비기면 피렌체, 파리, 빈, 런던은 외소한 근대 '도시'일 뿐이다. 옛 황제들과 마키아벨리, 무솔리니에 이르기까지 로마제국에 걸었던 그들의 비전이 떠오른다.

몽테뉴도 로마에서는 모두가 자기 나라에 있는 것과 마찬가지로 느긋할 수 있다고 하였던가. 먼 길을 떠나 여기 아득한 시간의 숲에 다다라서 사적이니 명소니, 박물관, 미술관 따위를 찾는 어리석음을 훌훌 털어내자. 그간 지중해 푸른 바다를 지호지간에 굽어보며 순회한 남부 이탈리아의 슈페를롱가, 카프리섬, 소렌토, 아말피, 오스투니, 알베로벨로 등 매혹적인 작은 도시, 마을들을 주마간산 격으로 돌아보고 마지막 기착지인 로마로 향하는 버스 속에서 나는 이탈리아의 마지막 날을 콜로세움 풍경과 카페 그레코에서 오랜만의 한유(閑遊)를 즐기리라고 스스로 다짐했다.

카페 그레코, 유럽에서 모여든 작가와 예술가들

니콜라 델라 맛다레나라고 불리는 그리스 태생의 사나이가 스페인 광장 앞 콩도티 거리 86번지의 카페 그레코를 등기한 것은 1760년이었다. 그러나 희대의 돈 환 카사노바가 1742년 그의 자서전에서 이름은 언급하지 않았지만 콩도티 거리의 카페에 관해 언급하고 있으니 아마도 그 개점은 더 이전인 것 같다. 그레코의 정식 명칭은 '안티코 카페 그레코(Antico Caffe Greco, 옛 그리스 카페)'이다. 이탈리아 사람들은 태어나면서부터 카페맨이다. 그 까닭을 우리는 밝은 햇빛 아래 바깥 나들이와 이웃을 좋아하는 그들의 남방풍의 양성적이고 '가벼운' 기질에서 찾을 수 있을 것이다. 이탈리아의 크고 작은 광장, 거리거리에는 카페가 없는 곳이 없으며 그것은 인적이 드문 회석의 마을에서조차 따뜻하고 멋스러운 정경을 연출한다.

카페 그레코는 베네치아의 산 마르코 광장에 자리한 카페 플로리안과 더불어 초기 유럽 카페 문화를 상징하는 명문 카페이다. 개점 당시에는 겨우 몇 사람이 앉을 정도의 작은 홀뿐인 초라한 카페였으나 위치가 좋고 커피 맛이 뛰어나 많은 사람이 모여들었다. 이미 1784년에 프랑스의 화가 프뤼동은 친구에게 보낸 편지에서 그레코를 유명한 화가들의 사랑방이라고 말하고 있다. 손님의 대다수는 독일에서 온 예술가와 작가였다. 이탈리아 문화를 사랑하고 그 자신도 그레코의 단골이던, 훗날의 독일 바이에른 왕 루트비히 1세는 19세기 초 다음과 같이 말하였다. "나는 너를 '카페 테데스'라고 이름짓고 싶다. 독일인이 모이는 곳. 그대는 예술의 비밀스러운 집합소다. 거기서는 그리스인과 독일인이 같은 테이블에 앉았다." 사실 그레코는 오랫동안 '카페 테데스코', 즉 '독일의 카페'라고 불렸다.

18세기는, 지난 16~17세기 르네상스기의 왕후 귀족들에 의한

'고전주의적 여행'이 널리 유럽 여러 나라의 작가와 예술가, 철학자와 교수, 귀족과 상층 시민들 사이에서 하나의 풍속이 되고 유행이 된 시대였다. 지중해 고전의 세계를 찾는 그들 교양인들의 '순례'의 귀착지는 로마였으며 고도(古都)에 들어서면서 그들이 제일 먼저 찾는 곳이 바로 카페 그레코였다.

18세기경의 그레코에 관해서 오스트리아 빈에 있는 한 신문의 로마 통신원은 다음과 같이 전해준다.

"그리스인 니콜라의 카페에는 많은 손님이 찾아온다. 그리하여 그는 얼마 지나지 않아 음침한 움막

이탈리아의 젊은 귀부인
(레이놀즈, 1752)

을 넓혀 우아한 카페를 만들 수 있었다. '카페 델 그레코'의 이름으로 로마뿐만 아니라 세계에 그 이름이 알려지고 문화사적 의미를 오늘에 이르기까지 고스란히 유지하고 있는 카페의 시작이다."

괴테는 이 카페에서 모카커피를 즐겨 마셨다. 그레코의 연대기에는 독일어 테이블에 자리를 차지한 손님으로 독일 국민의 정신적 기사(騎士)들의 이름이 자랑스럽게 나열되어 있다. 괴테, 오버베크, 멘델스존, 바이에른 왕 루트비히, 쇼펜하우어, 리스트, 후가 렌바흐, 바그너. 그들은 카페 그레코에서 다른 나라의 지식인, 예술가들과 사귀면서 한가로운 한때를 보냈다. 『악의 꽃』의 시인 보들레르는, 그레코에서 독일의 작가, 예술가들과 가까이 지냈으며 특히 낭만파의 호프만을 높이 평가하였다.

독일의 서정시인이며 슈베르트가 작곡한 「겨울 나그네」의 작사가이기도 한 빌헬름 뮐러도 그레코의 단골이었다. 그는 1808년 1월 20일 다음과 같은 메모를 남겼다.

"오전 중 스페인 광장에서 가까운 카페 그레코에서 따뜻한 음료를 마셨다. 여기에는 하루 세 번, 즉 오전 중, 점심식사 뒤 그리고 저녁에 독일의 예술가들이 모여든다. 커피 맛이 좋고, 다른 카페는 유리컵이지만 이곳은 단정하게 도자기컵이 나온다. 그러나 홀이 좁고 담배 연기로 가득 찬 탓인지 정작 로마 사람들이 특별히 많이 오지는 않는 성싶다."

그레코의 연대기에 기록된 뮤즈의 후예들

16세기 말에서 17세기에 걸쳐서도 매해 300~400명의 젊은이들이 이탈리아를 찾았다. 알프스 이북의 영국·프랑스·폴란드·러시아·스칸디나비아의 문필가, 예술가들도 독일과 이탈리아의 그들 동료들과 마찬가지로 지중해의 빛나는 태양과 푸른 하늘, 투명한 공기 그리고 고전 고대와 르네상스의 이탈리아에 끌려 속속 모여들었고 그 '독일의 식민지'에 자신들의 테이블을 마련하였다.

카사노바도 그레코에 출입하였으며 보들레르, 덴마크의 아동 작가 안데르센도 그곳의 단골이었다. 안데르센의 명작 『즉흥시인』(1835)은 그의 이탈리아 여행의 수확물이었다. 영국인 단골 중에는 시인 바이런, 키츠, 셸리와 화가 레이놀즈, 터너, 조각가 기브슨 등이 있었다. 러시아의 작가 고골리는 『죽은 영혼』의 마지막 부분을 카페 그레코에서 마무리한 것으로 전해진다.

그 밖에 역사가 기번, 작가 월터 스콧, 스탕달, 마크 트웨인, 호손, 단눈치오, 오스카 와일드, 아나톨 프랑스, 프루스트, 아폴리네르, 니체, 토마스 만, 하인리히 만, 화가 코로, 음악가 베를리오즈, 로시니, 비제, 구노, 리스트, 바그너, 토스카니니, 미국의 정치가이며 저술가인 벤자민 프랭클린도 그레코의 연대기에 자랑스럽게 기록되어 있다. 그렇듯 그레코는 18세기에 이어 19~20세기에 이르러서도 유럽의 문학과 예술을 빛낸 뮤즈의 후예들로 사시사철 붐볐다. 그들은 담론을 즐기다가도 흥이 나면 「카페 그레코의 커피는 숙취를 몰아

낸다」는 노래를 합창하였다.

　그레코의 단골들은 저마다 모국어가 다르고 문학적·예술적 입장이 각양각색이면서도 서로 의좋게 지냈다. 모두가 이탈리아와 로마를 그리고 그레코를 좋아하는 것으로 서로 좋은 친구가 되었다. 독일 음악가 멘델스존과 프랑스의 베를리오즈는 음악을 둘러싼 담론에서는 불협화음을 자주 드러냈으나 로마와 그레코를 꼭같이 무척 좋아하여 우정을 잃지 않을 수 있었다. 멘델스존은 그레코에 관해 다음과 같이 전해준다.

　"카페 그레코의 단골들은 끔찍한 사람들뿐이다. 나는 그들과 그들이 좋아하는 그레코가 두려워 거기 가지 않는다. 작고 어두운 공간으로 여덟 보 정도의 넓이뿐, 홀 한쪽 편에서는 담배를 피울 수 있었으나 한편은 금연이었다. 피워도 좋은 쪽에서는 단골손님들이 긴 의자에 앉아 테두리가 넓은 모자를 쓰고 큰 사냥개를 곁에 앉히고 쉴새없이 담배 연기를 뿜어대고 서로 지독한 말들을 하고 있다. (……) 그들은 커피를 훌쩍 마시며 티치아노나 브론치노에 관해 마

치 두 화가가 바로 곁에 앉아 있듯이 이야기하고 있다." 그러나 「교향곡 제4번 이탈리아」의 이 작곡가는 사실은 이탈리아만큼 카페 그레코를 좋아하였다.

괴테의 이탈리아 체험

역사가 랑케는 모든 고대사는 하나의 호수로 흐르는 흐름이 되어 로마사(史)에 흘러들고 근세의 모든 역사 또한 로마사로부터 흘러 나온다고 말하였다. 그 말을 받아 잇듯 17세기 프랑스 시인 라 퐁텐은 "모든 길은 로마로 통한다"고 말하였다(말이 나온 김에 "로마는 하루아침에 이루어지지 않았다"는 말은 세르반테스의 『돈키호테』 제1부에 나오는 말이다). 사실 16~17세기 이후 유럽의 시인, 작가, 예술가, 학자 그리고 모든 교양인, 지식인들에게 이탈리아 로마는 바로 고전의 나라, 마에스트로의 모국, 교양 형성의 연금장이며 토파스였다. 그리고 상류사회에서 성별의 구별 없이 로마를 찾는 일은 하나의 통과의례와 같은 것이었다. 그러한 로마 순례는 20세기 중반까지, 즉 이탈리아행 관광이 일반 시민들에 의해 일종의 붐이 되기 이전까지 이어졌다. 빙켈만은 1755년 이후 10여 년 로마에서 고대의 출토품을 연구하고 근대 미술사학을 뿌리내리게 하였다. 그 이후 오늘에 이르기까지 많은 인물들이 그의 이탈리아 체험을 그림과 음악

카페 그레코에서 신문을 보고 있는 손님들

과 문장으로 남겼다. 그 빛나는 상징적인 모범이 괴테였다.

그대는 아는가, 레몬꽃이 피는 나라
어두운 잎 그림자에 황금의 오렌지 빛
부드러운 바람 창공에서 불고
도금양꽃은 고요히, 월계수 높이 솟아
그대는 아는가, 저쪽
그곳에 그곳에
그대와 함께 가고파
그리워라, 나의 귀여운 이여.

괴테에게 이탈리아는 유년시절부터 동경의 땅이었다. 그가 도망
치듯이 홀로 이탈리아 여행길에 오른 것은 1786년 9월 3일 그의 나
이 37세 때, 바이마르 공국(公國)의 내각수반으로서 공무에 시달리
고 그 위에 폰 슈타인 부인과의 관계에 고뇌의 나날을 보내며, 그의
생애에서 시작(詩作) 활동이 가장 궁할 때였다. 그는 시인으로서의
재생을 염원하며 이탈리아행을 감행한 것이다. 괴테는 11월 1일 다
음과 같이 쓰고 있다.

"내일 밤은 로마다. 나는 그것이 지금도 거의 믿어지지 않는다.
이 소원이 이루어지면 나는 그 뒤 도대체 무엇을 더 바랄 것인가. 최
근 몇 해 동안 참으로 일종의 병에 걸린 듯한 상태로서, 그것을 치유
할 수 있는 것은 오직 이 눈으로 이 땅을 보고 이 몸을 이 땅에 옮기

는 것뿐이었다. 이제야 고백하지만 마침내 한 권의 라틴어 책도, 한 폭의 이탈리아 풍경화도 차마 더 이상 볼 수 없게 되었다. 이 땅을 보고픈 바람은 바야흐로 숙성할 대로 숙성하였다. 그렇다. 나는 이제야 세계의 수도에 당도하였다."

다시 말하지만 18세기 이래 유럽의 작가, 화가, 음악가에게 이탈리아와 로마 체험은 교양의 원체험과 같은 것이었다. 그리하여 그들은 순례의 기록을 감동적으로 남기고 있다. 하지만 괴테와 이탈리아의 만남만큼 그 개인에게나 유럽 문화사상 기념비적인 의미를 지닌 예는 없다고 할 것이다. 1년 반에 걸친 이탈리아 체류 동안 괴테는 고전 고대 및 르네상스 예술과의 교감을 통해 지난날 그를 사로잡았던 북방적인 어두운 정념으로부터 해방되어 아폴론적인 고전주의 세계로 인도되었다. 시인으로서, 인간으로서 완성의 길에 다다른 괴테의 변모하는 이미지를 우리는 티슈바인의 유명한 그림 「로마 캄파냐의 괴테」(1787)에서 발견할 수 있다.

"영원히 오늘과 같도록!"

이제 우리는 1930~1940년대의 카페 그레코를 들여다보자. 19세기 후기에 이르면 유럽은 관광여행(tourism)의 시대에 들어선다. 가장 인기가 있는 곳은 이탈리아, 그 중에서도 베네치아와 로마였다.

카페 그레코의 모습
(구투소의 그림)

카페 그레코는 1869년의 여행 안내서에 관광명소로서 기재되었다. 1860년 그레코는 새롭게 말끔히 단장되었다. 이제 그레코는 일반 관광객들이 찾아드는 곳이 되었다. 그러나 여전히 문예 카페로서 특히 화가들의 사랑방이었다. 가난한 화가나 시인들은 외상값이 밀리면 그림이나 시로써 지불하였다. 모두가 좋아한 가르송 라파엘로의 수첩에는 뒤에 유명해진 화가의 수채화나 스케치가 많이 그려져 있었다. 이탈리아의 화가 구투소는 「예술이 카페에 주저앉다」라는 제목으로 그레코를 다음과 같이 묘사하고 있다.

"어느날 나는 카페 그레코에 앉아 있었다. 바로 내가 그림으로 담은 그 홀이다. 한 쪽에는 화가 키리코가 앉아 있었다. 카페 그레코는 우리 모두가 저마다의 모습으로 기대고 있는 곳이다. 저녁식사 뒤에 시인 팔라체스키와 데 피시스와 함께 지낸 밤들을 되새겨본다. 1937년부터 1938년 당시 모두가 언제나 그 시간에 거기서 만나곤 하였다. 소설가 모라비아도 있었다. 나는 이 카페에서 일어난 일과 사람들, 그곳에서 풍겨나오는 정신을 표현하고자 마음먹었다. 오늘날 내 그림에서는 지식인과 스웨덴 소녀, 카메라를 들고 있는 일본인, 그 위에 레즈비언 커플들을 볼 수 있다."

1940년대 그레코는 파시즘을 혐오하는 이탈리아 지식인들의 사랑방이었다. 현대 이탈리아 문학을 대표하는 모라비아는 가공의 독재자를 테마로 한 『가장무도회』(1941)로 인해 무솔리니에게 '불온작가'로 낙인찍혀 작품 발표를 단념하며 그레코에서 15년간 해방의 날을 기다렸다고 훗날 토로하였다.

카페 그레코는 1953년 이탈리아 문화부에 의해 문화재로 지정되었다. 그런데 1970년대 초 그 소유자가 한때 미국풍의 바 같은 주점으로 바꾸려고 하여 문화재 지정이 취소될 뻔했다. 그때 화가 키리코가 특히 그 구출에 앞장선 것으로 전해진다. 로마의 관광객들이 꼭 들르곤 하는 오늘날에도 그레코는 과연 예술가들의 좋은 만남의 장소로 남아 있을까.

몇 해 전 5월 어느 날 오후 나는 스페인 광장에서 일행과 헤어져

카페 그레코의 입구

콜로세움 주변을 한참 배회하다가 몇 해 만에 카페 그레코에 다시
들렀다. 예상했던 대로 많은 손님들로 붐비고 있었다. 깊숙한 홀 여
기저기 테이블 사이로 일본인과 중국인의 모습도 엿보인다. 손님의
대다수는, 스페인 광장을 메운 관광객 무리와는 약간 다른, 대개가
40대를 넘은 단정한 몸가짐이다. 다행히 빈 자리를 얻어 카푸치노
를 청했다. 이탈리아는 어디에서도 커피 맛이 좋다고 느꼈으나 그
레코의 커피는, 기분 탓일까, 참으로 특별하다. 함께 이야기를 나누
던 동반자를 카메라에 담는 영국인인 듯한 부인의 모습도 보기 좋
다. 내 자리 맞은편 벽에 걸린 초상화들의 서명이 희미하게 눈에 들
어온다. 괴테를 비롯하여 그레코를 사랑한 여러 문인, 예술가들의
필적이나 서명이 홀 여기저기 벽에 걸려 있다. 그러나 이번에도 그

것들을 들여다보는 기회를 단념해야 하였다.

　60대 전후 나이의 연미복을 걸친, 꼭 19세기 큰 저택의 집사풍의 두 가르송을 관찰하고 있자니 기다리던 H사의 K사장 부처가 미소를 지으며 들어선다. 언제나 단정한 P부인도 약간 들뜬 표정이고, K사장의 양손에는 책꾸러미가 들려 있다. 책방에 들렀다가 오는 것이다. 우리는 자리를 옮겨 에스프레소의 그윽한 향기를 즐겼다. 나는 "영원히 오늘과 같도록!"이라는 이탈리아의 예부터의 건배사는 생략하고, 로마에 그리고 카페 그레코에 와 있다는 설렘과 함께 나직이 속삭였다.

　만세 로마, 만세 그레코!(vivant Roma, et Greco!)

마을 골목길, 멋스러운 카페를 찾아서

잃어버린 시간을 위하여

"연년세세(年年歲歲), 오늘도 좋은 날이다 하며
카페에서 한가로이 무위의 시간을 보내는 골목 안 사람들,
그들이야말로 어쩌면 제일 멋진 카페맨일지도 모른다."

바흐의 「커피 칸타타」

우리는 앞에서 여러 도시의 유명한 카페들을, 유럽 문화사에 그
이름이 길이 기록된 시인, 작가 및 예술가들이 즐겨 드나든 카페들
을 돌아보았다. 그러나 카페의 대부분은 그 이름이 알려지지 않은,
작은 도시나 마을의 광장, 골목안 혹은 언덕 위에 자리잡고 있는 동
네 이웃들의 사랑방과 같은 그러한 카페이다. 나는 사실은 그러한
카페가 참으로 좋다.

바흐의 소곡 가운데 「커피 칸타타」가 있다. 커피를 지나치게 좋
아하는 딸을 걱정하는 아버지를 오히려 딸이 달래며 노래하는 아리
아다. 사실은 바흐 자신은 커피와 카페를 몹시 좋아하였다. 그리고
라이프치히의 성 토마스 교회의 합창 지휘자를 하면서 교회 바로
옆에 있는 '침머만 카페하우스'에서 11년간이나 일 주일에 두 번씩
음악을 연주하였다. 그 연주는 바흐가 궁정작곡가의 칭호를 받은

이탈리아 어느 작은 도시의 카페

뒤에도 계속되었다. 「커피 칸타타」는 바로 그 카페를 위해 작곡한 것이다. 그 곡이 만들어진 1732년 무렵 '아라비아의 포도주'라고 일컬어진 커피는 아직도 외래의 진품(珍品)으로 여겨져 가정에서는 상류층들만이 즐겼다. 그러나 거리에 우후죽순으로 생겨난 카페에서 커피는 모두가 즐기는 기호품이 되어 갔다.

커피가 원래 지식인의 기호품이었듯, 카페 또한 초기에는 그들만의 담론과 사교의 장이었다. 그러다가 단돈 1페니만 내면 누구나 들어갈 수 있다는 유혹에 일반 서민들도 흠칫흠칫 카페에 찾아들었다. 19세기 중엽에 카페의 대중화 현상이 나타나자 지식인이나 전문직, 신사 계층은 카페를 선별하여 저마다의 단골 카페를 갖게 되었다. 그러자 선술집을 사랑방처럼 여겨왔던 서민들이 선술집의 독한 술보다 향기 그윽한 커피에 맛들이고 그들대로 자연스럽게 단골

카페를 지니게 되었다. 그것은 대개 자기 집 가까운 골목길 작은 광
장에 자리잡은 카페였다. 이제 그 이름없는 카페들을 찾아가 보자.

작은 마을 카페의 정겨운 풍경들

　이탈리아의, 성벽에 둘러싸인 중세 도시 시에나의, 유럽에서도
가장 아름다운 광장이라는 캄포 광장에 바로 면한, 마치 시간이 정
지된 듯한 옛 모습 그대로 참으로 고풍스럽고 고적한 골목길, 이방
의 관광객들로 넘실거리는 소연한 광장과는 상관없다는 듯 일상적
표정의 동네 사람들로 별세계를 이룬 동네 카페. 여름휴가를 떠난

파리 근교 카바레 겸 카페
(위트릴로, 1945년경)

듯 모든 상가가 굳게 문을 닫은 골목에 홀로 동네 사람들로 삼삼오오 자리가 메워졌던 카페. 파리 근교의, 지금도 밀레의 전원 풍경을 그대로 간직한 바르비종 마을, 대낮에도 인적이 뜸한 약 200미터 길이의 메인 스트리트(?) 그랑 뤼 거리, 밀레의 집과 앙리 루소의 집, 그리고 그들 바르비종파의 미술관을 한가운데 두고 의좋게 처마를 잇댄 화랑과 화방, 그 사이사이에 자리잡은 레스토랑과 카페들. 그곳 어느 카페에 앉아 마치 「만종」 이후 시간이 정지된 듯한 거리를 한참 동안 쳐다본 일들.

이탈리아 남부 작은 도시, 층층이 서로 겹친 듯한 백아(白亞)의 집들 사이로 미로 아닌 미로를 따라 오른 언덕 중턱, 푸른 하늘을 떠받들 듯 몇 그루 거목 아래 멋스러운 풍경을 이룬 마을의 카페. 그리고 관광객으로 몹시도 흥청거렸던 소렌토의 밤 카페가 연출한 이탈리아풍의 갖가지 흥겨웠던 일들. 바닷가에 면하여 산기슭이라기보다 낭떠러지에 기대듯 층층으로 세워진 감색, 분홍색 지붕에 백아의 3, 4층 건물로 마을을 이룬 소도시 아말피의 검푸른 지중해를 바로 마주본 작은 카페의 테라스. 그 카페 바로 곁의 자그마한 서점은 그리스 로마 시대 이래의 갖가지 고전들의 신서판 책들과 고본의 호화 화집들이 아울러 나를 놀라게 하고, 가게 입구 신문이 놓인 대목(坮木) 위에는 프랑스의 『르 몽드』, 『리베라시옹』, 독일의 『프랑크푸르터 알게마이너 차이퉁』 등과 함께 일본의 『아사히신문』이 함께 있어 다시 한 번 나를 놀라게 하였다.

이탈리아의 어느 마을 골목길

나는 또 이탈리아의 시칠리아 섬 번화한 광장의, 섬 사람들로 약간은 붐볐던 그 카페를 잊을 수 없다. '시칠리아'라고 하면 우리는 먼저 무엇을 떠올릴까. 영화에서 낯익은 마피아? 그러나 어느 해 여름 이틀 묵은 그곳에서 나는 마피아를 연상케 하는 사나이를 은근히 기대하였지만 끝내 한 번도 마주치지 않았다. 그 대신에 언덕 위 로마네스크 양식의 성당을 우러러 떠받들 듯 층층 처마를 잇댄 백색 집들의 골목에서 검은 의장에 몸을 감춘 아랍계(?) 아낙들, 들판에서 산양 떼를 몰고 가다가 야자나무 그늘에서 쉬고 있는 노인, 그

프랑스 어느 지방 마을의 카페 콘서트(프티, 1860)

리고 카페에서 나와 마주 앉은 사람들, 그들 모두는 순박하고 붙임성 있는, 그리스인 조르바와도 비슷한 사람들이었다. 조르바와는 당연히 바로 최근에 순방한 그의 고국 그리스에서, 특히 그 섬들에서 자주 마주쳤다.

설렘을 안고 처음 찾아간 그리스의 첫 인상은 바다, 호메로스의 포도주 빛 바다였다. 바다 위 그리스에는 섬들이 헤아릴 수 없이 많았다. 본토 내륙에서 차로 어디를 달려도 지중해의 한없이 검푸른 바다 위로 섬 두세 개를 지호지간에 바라볼 수 있었다. 그 섬들 사이사이를 오고가는 크고 작은 객선(客船)들. 시칠리아 출신의 노벨상을 받은 작가 피란델로는 지중해의 섬들을 찬탄하여 그 나그네 길을 "아름다운 샘으로의 순례이며 환상의 세계에 사는 것"이라고 읊었던가. 그 섬들을 찾아 며칠을 지낸 크루즈 길에서 지금도 잊을 수 없는 것은 역시 언덕 위 백색의 인가 사이에 대리석이 깔린 오솔길 마을 카페에서 잠시 누린 한유(閑遊)의 시간이다.

20세기 초의 어느 프랑스 시인은 이탈리아의 작은 마을에 매료되어 그 마을들은 스위스 전국토와도 바꿀 수 없다고 말하였다지만 유럽에는 참으로 마을과 함께 멋스러운 작은 도시가 많다. 베로나, 파도바, 라벤나, 아시시, 페투리아, 산 지미그라노, 몽탈지노 등 그 모두가 이름만 떠올려도 가슴이 설레는, 마을과 같은 소도시이다. 아름다운 자연 풍광에 둘러싸인 유서깊고 예술적이기도 한, 인구 2~3만을 넘지 않는 그 도시들. 그런데 나는 언젠가부터 이름도 모르며 여로에서 우연히 들르게 된 작은 마을들에 더욱더 끌린다.

프랑스에서는 1982년에 '프랑스의 가장 아름다운 마을'로 144개의 마을을 선정하였다고 한다. '가장 아름다운 마을'의 조건은 당연히 몹시 까다롭다. 첫째, 인구가 2,000 미만일 것. 둘째, 사적 건조물 지역이나 혹은 풍광 지역으로 공인된 곳이 2개소 이상일 것. 셋째, 마을 건물의 크기와 지붕, 창문의 형태나 색깔이 균형잡혀 조화로울 것. 넷째, 꽃과 식물에 의한 장식 등 마을 전체가 아름답게 잘 가꾸어져 있을 것 등이다. 그리고 선발된 마을들은 몇 해마다 재심이 이루어져 자격을 상실하게 된 마을도 더러 있다고 한다. 그 '아름다운 마을'의 안내 책자에는 마을에 살고 있는 예술가들의 이름도 올라 있다. 그리고 그에 더해 관광 안내소와 숙박 시설 등 관광객을 위한 시설의 완비가 강조되고 있다. '아름다운 마을' 운동은 관람이나 관광 수입을 염두에 둔 발상일까. 다시 그리스로 돌아가자.

그리스 여행의 즐거움 가운데 하나는 여러 섬들을 찾아가는 크루즈 놀이이다. 그중에서도 에게해에서 가장 아름답다는 산토리니 섬은 용암으로 인한 험상궂은 지형 위에 자리하면서도 작열하는 햇빛 아래 비친 백아의 거리는 참으로 환상적이었다. 그리고 관광객으로 붐비는 그 거리에서 10여 분 기다린 끝에 자리를 얻은 맥주 집에서 한참 바라본 한없이 검푸른 바다와 일몰의 광경은 참으로 감동적이었다. 그러나 그리스를 소개하는 책자마다 꼭 대서특필되는 산토리

그리스 산토리니 마을의
작은 카페 간판

니의 골목길들은 지나치게 관광적으로 꾸며져 기대 밖이었다기보
다도 짙은 화장을 한 50대 여인을 대하는 것만 같아 비켜 물러설 심
정이었다. 특히 백아의 집들 사이에 띄엄띄엄 눈에 띈, 억지로 꾸민
듯한 푸른 지붕의 교회가 더욱 속들여다 보였다. 나는 산토리니에
서 맛본 쓴맛을 다음날 들른 낙소스 섬 오솔길 카페에서 떨쳐버릴
수 있었다.

　카페는, 섬의 산중턱 작은 민예 박물관을 찾아 들어선 민가들 골
목 안에 자리잡고 있었다. 그간 10일 가까이 유적과 박물관 그리고
명소들을 부지런히 찾아다니다 보니 이렇다 할 유적이 없는 낙소스
섬이 오히려 마음을 끌었다.

　박물관을 찾아 들어선, 천천히 걸어서 10여 분 거리의 골목길, 두
세 사람이나 나란히 거닐까. 대리석 보도의 꼬부랑길 좌우 양편에

이탈리아 고대 동굴 마을(유네스코 지정 문화유산) 호텔 안 카페

는 모두가 백아의 서민 집들이다. 상점이라고는 여름옷 가게와 골동품점 그리고 카페뿐이다. 카페에 더해 골동품점까지 있다니! 일행보다도 먼저 박물관을 나와 골동품점에 들른 나는 그래도 잡동사니를 면한 꽃병이며 갖가지 용기들에 안도하며 이리저리 살펴보다가 기하학 문양의 꽃병을 한 점 고르고 바로 가까이 카페로 발길을 옮겼다. 카페 테라스에는 미국인인 듯한 중년 남성 서넛이 이야기를 나누다가 내가 테이블에 자리잡으니 미소지으며 눈인사를 한다. 아직 아침이어서인지 마을 단골은 하나도 없다. 주인인 듯한 50 중반의 사나이와 30 전후의 가르송이 일손을 놓고 무표정하게 자리하고 있는 홀 안도 꾸밈이 전혀 없는, 골목길 그대로의 소박한 풍정이다.

유럽에 갈 때마다 들르게 되는 크고 작은 도시의, 그리고 마을의 골목길들, 그 골목 안 풍경은 언제나 나에게 제일로 자연스럽고 정감어린 멋스러운 풍경으로 비친다. 우리의 주변에서는 없어진 지 오래된 그러한 마을들, 따사한 햇빛과 고요함이 다스리는, 잡스러운 일상성으로부터 자유로운 그 풍경들에서 나는 잃어버린 유년시절을, 동화의 계절들을 되찾는 것만 같다. 그리고 미로 속의 미궁과도 같은 골목안 카페!

그 카페들은 작가나 예술가들의 이른바 문예 카페, 신사 숙녀의 살롱과 같은 유명 카페나, 관광객이 즐겨 찾는 카페들과는 얼마나 다른가. 그것은 마을 이웃들이 아침저녁으로 수시로 들르는 사랑방이며 때로는 무위(無爲)의 시간을 홀로 즐기는 '놀이'터이기도 하다. 그들 단골과 가르송, 주인은 모두 허물없는 이웃이며 어릴적부터의 죽마지우가 아니겠는가. 그리고 어쩌다 무리를 지어 들른(철없는 침입자와도 같은) 이방인에게도 따뜻한 시선을 잊지 않는다. 그러한 카페가, 그리고 그 카페에서 보내는 무위의 시간이 나는 참으로 좋다. 그것이 자리잡고 있는 골목길이나 작은 마을과 마찬가지로.

아를, 카페 반 고흐

고흐의 그림 가운데 「밤의 카페 테라스」가 있다. 그것은 어두운 북방 네덜란드 태생의 고흐가 오랜 불안과 상실감에 시달린 끝에 '더 밝은 하늘 아래 자연을 볼 수 있다면' 하는 강렬한 기대를 안고 태양이 빛나는 남쪽 프로방스 지방 아를로 거처를 옮긴 뒤의 작품이다. 그가 남쪽으로 가기로 마음먹었을 때 파리에서 친하게 지낸 로트레크는 고흐의 귀에 속삭였다. "남부 프랑스에 간다면 아를에 가게. 그 거리에는 미인이 많다네."

고대 로마와 중세의 유적으로 박물관 도시를 이룬 아를. '아를' 하면 떠오르는 것은 「카르멘」의 작곡가 비제의 「아를의 여인」(1872)이지만, 고흐는 아를의 빛과 색채에 매료되어 1888년 2월(35세) 이래 그곳에 체류하는 15개월 동안 300점이 넘는 작품을 완성하였다. 「밤의 카페 테라스」는 고흐의 화풍을 상징하는 최고의 걸작 「해바

밤의 카페 테라스(반 고흐, 1888)

카페테리아 간판

라기」 3점 연작이 그려진 같은 해 같은 달(1888년 8월)의 작품이다. 그리고 「씨앗을 뿌리는 사람」도 같은 해에 그려졌다.

지중해 정오의 태양에 촉발되어, 몸과 마음 깊은 곳에서 이글이글 불탔던 천재 화가 고흐의 창조적 데몬이 단번에 돌출된 것일까. 친구만큼이나 카페를 좋아한 고흐는 파리에 거주할 때 로트레크, 고갱과 어울려 카페 '누벨'을 자주 찾은 단골이었다. 누벨에는 드가도 즐겨 출입하고, 고야나 들라크루아에 관해 논쟁하는 미술학교 학생들로 언제나 떠들썩했다. 화가들의 화제의 중심은 돈과 여인이었다. 그때까지만 해도 로트레크만이 화상들의 관심의 대상이어서 대개의 화가들은 가난하였다. 고흐는 독한 압생트를 즐겨 마시며 함께 춤을 춘 몽마르트르의 바람난 여인들을 생각하였다.

「밤의 카페 테라스」의 무대는 당시 인구 2만 3,000의 소도시에 있던 무명 카페였다. 광장 가까이, 밤의 장막이 거리를 정적으로 덮은 골목에 카페가 있고 맞은편 상가의 2, 3층 거실에서는 간간이 등불 빛이 새어 나온다. 별이 빛나는 코발트블루의 밤하늘(그것은 고흐가 아를에 온 뒤 베르나르에게 토로하였듯 몹시 그리고 싶어한 화제였다)은 보도를 짙게 비추고, 그에 어울리듯 큰 가스등이 카페의 테라스를 환히 비춰주어 금색으로 빛난다. 고흐는 그러한 정경에 끌려 카페에 자주 드나들며 밤에 실제로 카페 앞에 이젤을 세우고 「밤의 카페 테라스」를 그렸다. 그리고 카페의 여주인 지누 부인과도 잘 사귀어 「아를의 여인(지누 부인)」(1881년 11월)을 그리기도 하였다.

어느 해 여름, 파리를 떠나 몽펠리에로 향하는 도정에 잠시 들른 아를의 그 카페는 지금은 '카페 반 고흐(Cafe van Gogh)'라고 이름을 고쳐 고흐를 좋아하는 관광객으로 몹시 북적거렸다. 아를 주변에 끝없이 이어지는 해바라기의 물결. 태양의 상징이라고 하는 해바라기, 그것은 참으로 고흐에게는 생명의 원화(原花)이기도 하였다.

미술관에서 미술사에 관한 하찮은 지식이 작품의 순수하고 즐거운 감상을, 또 그 작가와의 무언의 '대화'를 방해하듯 유명한 카페에 찾아가면 나는 커피나 카페를 즐기기보다는 그만 명소 사적을 찾아온 관찰자가 되어버린다. 그러나 골목 안 카페에 들어서면 나는 그저 커피를 즐기고 카페의 따뜻한 분위기에 어울리면 그만이다. 무시로 카페에 들러 내일은 내일의 바람이 불어 연년세세(年年歲歲), 오늘도 좋은 날이다 하며 한가로이 무위의 시간을 보내는 골목 안 사람들, 그들이야말로 어쩌면 제일 멋진 카페맨일지도 모른다.

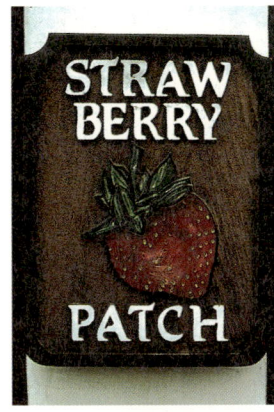

다양한 모양의 카페 간판들

런던, 커피하우스와 클럽

좋은 취미를 위한 한 잔의 차

런던, 커피하우스와 클럽

"좋은 인생이란 재산과 건강 그리고 차와 커피를 마시는
인생입니다. 당신도 그렇게 생각하리라 믿습니다."
— 조너선 스위프트

커피와 차, 삶의 패턴을 바꾼 기호품

커피와 차가 오리엔트나 중국에서 전래되기 이전 유럽 사람들의
기호품은 술이었다. 고대 그리스 로마 시대 이래 술은 유럽에서 크
게 와인과 맥주로 나뉘고 상류사회에서는 좋은 포도주를 즐겼다. 그
뒤 이탈리아나 프랑스, 스페인 사람들이 와인을 즐겨 마신 데 비해
영국 사람들은 독일 사람들과 마찬가지로 맥주를 많이 마셨다. 우리
는 영국의 크고 작은 도시, 그리고 시골 마을의 도처에서 선술집과
마주친다. 커피하우스가 생기기 이전 선술집은 펍(pub-public house)
이라는 이름 그대로 모든 사람에게 열린 사랑방이었다. 영국은 '식
사에 절망한 민족'이라고 일컬어질 만큼 음식이 맛없기로 소문난 나
라이며 그래서인지 앵글로색슨은 유럽에서도 가장 주정뱅이였다.

그런데 커피와 티(차)에 맛들이면서 사람들은 이제 커피하우스를
더 즐겨 찾게 되었다. 어느 국민보다도 '절제'의 미덕을 지녔던 영

국 국민, 자본주의를 선도한 그 시민 계층은 알코올보다 커피와 차를 더 원하였다. 차는 커피와 마찬가지로 근대적인 기호품, 근대적 시민사회를 가장 먼저 실현한 영국에서 차 문화가 발달한 것은 당연한 일이었다. 어제까지는 종소리에 맞추어 기도를 드렸던 사람들이 이제 시간을 맞추어 차를 마시게 되었다.

세계에서 가장 큰 티포트. 800잔의 차를 즐길 수 있다고 한다.

카페라고 하면 사람들은 먼저 파리를 연상한다. 그러나 영국 최초의 커피하우스는 1650년, 대학의 거리 옥스퍼드에서 탄생하였다. 그리고 그에 바로 이어 케임브리지에, 1652년에는 런던탑의 서북성 마이켈 거리 교회 맞은편에 런던 최초의 커피하우스 '파스카 로제(Pasqua Rosee)'가 문을 열었다. 영국에서는 카페라고 하지 않고 보통 '커피하우스'라고 부른다. 영국을 '홍차의 나라'라고 하지만 일찍이 커피 무역을 거의 독점한 영국 사람들은 1730년경까지는 홍차보다 커피를 훨씬 더 즐겼다. '커피하우스'의 명칭은 여기에서 유래한다.

'파스카 로제'의 주인은 그리스 출신인 파스카 로제다. 그는 원래 한 영국 상인이 터키에서 데려온 하인이었다. 로제는 아침마다 주인을 위해 커피를 끓였다. 그것이 이웃간에 화제가 되고 결국 주인은 로제에게 커피하우스를 차리게 해주었다.

17세기 영국 커피하우스의 풍속도

'파스카 로제'의 간판에는 "영국 최초, 공적으로 만들어 파는 로제의 커피–드링크의 효능"이라는 광고풍의 글귀가 쓰여 있었다. 어느 커피 사가(史家)는 그 엉성한 커피하우스의 출현을 아기 예수가 태어난 베들레헴의 마구간에 비유하였다. 이 말은 몇 해 전에 『라이프』지가 지난 1,000년간의 세계사적 사건 중 커피와 차의 보급이 초래한 삶의 패턴의 변화를 28위로 꼽은 사실을 상기한다면 결코 망언장담으로만 여겨지지 않는다. 커피하우스는 그 뒤 우후죽순처럼 생겨나고 17세기 말경에는 인구 60만의 런던에만도 2,000 내지 3,000여 점을 헤아려 펍의 수를 능가하기에 이르렀다.

커피하우스, 영국풍 삶의 양식

　초기 커피하우스의 단골은, 보헤미안적 예술가나 작가들의 사랑방이던 프랑스나 이탈리아의 카페와는 달리 교수와 학생, 언론인과 법조인 그리고 기업가 등 전문가 집단이었다. 아직도 문인들은 보헤미안적 연극인(배우)들과 마찬가지로 펍을 더 즐겼다. 그런데 초기 커피하우스와 관련하여 특기할 것은 그것이 근대 저널리즘의 요람이기도 하였다는 사실이다.

　영국, 아니 유럽 최초의 근대적인 신문 『스펙테이터』(1711~1712년경 창간)는 커피하우스에서 발족하였다. 『스펙테이터』는 "차를

즐기는 사람들을 독자로 하여 창간한다"고 선언하였다. 당시 신문
은 값이 제법 비싸서 상류계층이나 지식인이 아니고서는 쉽사리 사
서 읽지 못하였다. 일상적으로 신문을 읽고 책을 한 달에 두 권 정도
구독하면 교양인, 지식인으로 행세하던 시대였다. 당시 차 애호가
와 신문 구독자는 말하자면 동일한 엘리트 계층이었던 것이다.

　신문과 잡지의 편집자들은 담론과 사교의 터전인 커피하우스에
서 정보를 얻고 기사를 썼다. 그러나 차차 그들 이상으로 커피하우
스에 부지런히 출입하고 그곳에서 영감을 얻은 사람들이 있었으니
시인과 작가들이었다. 그렇게 해서 문학 커피하우스가 탄생했으며
그 중 대표적인 것이 '윌(Will)'이었다.

**야외에서 애프터눈 티를
즐기는 케임브리지의 학생들**

1660년경에 문을 연 커피하우스 '윌' 안에는 한 방을 빌려 일정한 날, 일정한 시간에 '친한 사람들끼리 모임'을 갖는 관행이 생겨났다. 이것이 클럽의 출현이다. 클럽은 정치가들의 클럽과 드라이든, 스위프트, 포프 등 시인·작가들과 『스펙테이터』의 발행인인 스틸, 아디슨을 비롯한 많은 지식인들이 모인 '위트 클럽'으로 나뉘었다. 위트 클럽은 그 단골들의 면면 때문에 '재사(才士)들의 클럽'이라고도 불렸다. 그 중심 인물은 계관시인이며 극작가이고 비평가인 문단의 원로 드라이든이었다.

드라이든은 1674년(당시 그의 나이 43세였다) 이래 '윌'의 단골이 되었다. 그는 오전에는 집에서 집필하고 그 밖의 시간은 으레 '윌'에서 밤늦게까지 보냈다. 그의 팔걸이 의자는 겨울에는 난롯가에, 여름에는 발코니에 특별히 자리가 마련돼 있었다. 문학 담론을 즐겼던 그를 둘러싼 추종자들 중에는 작가와 함께 배우도 많았다. 드라이든으로부터 일찍이 "자네는 결코 시인이 될 수 없네"라고 핀잔을 들었던, 훗날 『로빈슨 크루소』를 발표하여 베스트셀러 작가가 되는 스위프트도 '윌'의 단골이었다. 스위프트는 드라이든을 경원하면서도 어쩌다 배알하였다. 드라이든은 문학 권력이었던 것이다.

신동으로 알려진 시인 포프가 어느 귀족의 소개로 '윌'의 문학 서클에 처음으로 얼굴을 내민 것은 그의 나이 12세 때였다. 독학으로 고전을 가까이 하고 셰익스피어에 이어 명구(名句)를 수없이 만들어낸 포프는 또한 커피광이어서 밤낮으로 '윌'에서 사람들을 홍

겹게 하였다. 문학 커피하우스 '윌'은 영국 문학사에서 펍의 전신인 타번 '마메이드'와 자주 비교된다. 17세기 런던의 이 대표적 선술집에서는 셰익스피어, 극작가인 보몬트, 플레처 등이 밤마다 와인 파티를 즐겼던 것이다.

담론과 사교의 장인 초기 커피하우스는 같은 시대의 프랑스 살롱처럼, 그에 출입하는 사람들, 특히 문인·작가·학식자들의 좋은 사랑방이었을 뿐만 아니라 일종의 배움터이기도 하였다. 그러한 사실에 관해 어느 케임브리지 시사(市史)는 특별히 한 장(章)을 할애하고 있다. 그 한 구절을 들여다보자.

"(지난날) 작가나 독자들은 진정한 회화(會話)가 갖는, 성숙한 간결함에 익숙하지 못하였다. 커피하우스에서 그들은 문학적 사고를 자유롭고 세련된 문체로서 펼치는 것을 배웠다. 회화라는 것은 각성된 사상에 대해 수수께끼 같은 힘을 지닌다. 이야기를 나눔으로써 자기 정신을 훈련하는 사람은 독서에 의해 이해력을 기르고자 하는 사람보다 유연하고 민감하다. 그처럼 중산계층은 자기들의 교육을 완성하기 시작하였다. 커피하우스는 그들에게 일종의 기구를 주고 담론과 계급의식에 관한 여론 형성을 위해 길을 터주었다. 커피하우스는 새로운 휴머니즘의 확대를 위한 우애를 매개하는 장소가 되었다. 그리고 작가는 그 모임에서 시대의 사상이나 감정에 접촉할 수 있었던 것이다."

참으로 좋은 말이다. 커피하우스는 그로부터 파생된 클럽과 더불어 영국풍의 코먼 센스(common sense)의, 아니 삶의 양식의 요람이며 타작의 장이었다. 마치 살롱과 카페가 프랑스적 에스프리의 연금장이었듯이. 그리고 신사들의 모임이던 클럽은 24개 항목의 '연석(宴席)의 법도'가 라틴어로 정해져 있었으니 그 두세 가지를 적어보자. "유령 이외에는 회비를 내라." "시끄러운 토론은 금기이다." "농담에는 가시가 돋치지 않도록!"

"단골 커피하우스는 어디입니까?"

이제 17~18세기 커피하우스의 실내 풍경을 들여다보자. 커피하우스는 대개 엉성한 목조 건물 2층에 자리잡고 있었다(당시만 하여도 런던 시내에는 목조 건물이 많았다). 손님은 어두운 계단을 조심조심 올라가야 했다. 당시의 커피하우스를 묘사한 글을 보면 "점포 바깥에는 아름다운 유리등이 달려 있고 안에는 미녀가 대기하여 밝은 인상을 준다. 미녀는 아양을 떨며 손님을 담배 연기 가득한 안으로 유인한다"고 하였다. 그러나 이 미녀에 속아 우아하거나 멋스러운 실내 무드를 기대해서는 안된다. 문을 열고 홀 안에 들어서기 바쁘게 손님은 자욱한 담배 연기와 소란스러움에 잠시 머뭇거리게 마련이다.

미녀(?)라는 웨이트리스들은 커피하우스가 여인 출입금지구역인

펍 '셰익스피어의 머리'

까닭에 때때로 남장을 하였다. 초기의 커피하우스에서는 주로 커피, 코코아, 허브티를 곁들여 팔았다. 홍차(영국에는 '홍차'라는 말이 없다. '티' 혹은 '블랙 티'라고 부를 뿐이다. '녹차'라고 하듯이 홍차는 우리 동양 사람들의 표현이다)가 메인 마실거리로 나오게 된 것은 1730년대 이후였다. 술은 금기였으나 가벼운 식사는 할 수 있었다.

스산한 홀에는 테이블과 의자가 여기저기 아무렇게나 놓이고 사람들은 아무데나 앉을 수 있었다. 손님들 중에는 담배를 피우며 이야기를 나누는 사람, 메모지에 무언가를 갈겨쓰는 사람, 담론풍발 논쟁하는 사람, 혼자 차를 즐기는 사람 등 참으로 가지가지였다. 도자기 물주전자가 두세 개, 커피포트, 갖가지 병과 용기도 보인다. 벽에는 당국의 지시사항을 갈겨쓴 쪽지가 붙어 있다. 한쪽에서는 빌리어드와 포커를 즐기는 사람들의 모습도 보인다.

팁의 풍습은 커피하우스에서 생겨났다. 즉 '빠른 서비스를 보장하는(to insure promptness, 'tip'은 그 약자이다)'이라는 문구가 쓰인 상자에 푼돈을 넣으면 우선적으로 서브 받을 수 있었다. 그런데 홀의 큰 테이블이 눈길을 끈다. 그 위에는 대형 성서가 펼쳐져 있고 관보, 신문, 잡지와 함께 갖가지 상품 광고, 극장 안내지 등이 놓여 있다. 이 테이블은 원래 커피하우스의 패트런을 위해 마련된 특별석이었으나 차차 손님들을 위한 담론의 자리가 되었다.

"차는 왕비마마의 생신 인사에 알맞은 진상품"이라고 17세기 영국의 한 궁정시인은 읊었다지만 멀고 먼 극동에서 전래된 값비싼

런던 풍경

희귀품은 차차 중산계층의 기호품이 되었다. 그리하여 17세기 말에 이르면 『내셔널 리뷰』지는 "모든 직업인이, 모든 상인이, 어느 계층, 어느 정파에 속하든 모든 사람이 자신의 단골 커피하우스를 갖고 있다"고 보도하였다. 커피하우스는 시민 생활의 중심으로 자리매김한 것이다. 사람들은 커피하우스의 장점으로 그것이 건강의 집이며 진지한 마음과 검소한 기쁨을 기르고 예절을 배우는 데 더해 독창적인 재능을 자유롭게 발휘할 수 있는 장소라고 영국인다운 칭찬을 아끼지 않았다.

그러나 커피하우스를 미워하는 사람도 제법 많았다. 그에 손님을 빼앗긴 선술집 펍과 청교도 풍의 학교 교사 그리고 커피하우스에 남편을 빼앗긴 여성들이다. 자본주의의 바람을 타고 날로 부유해진 영국 시민사회는 '홈 스위트 홈'이라는 주부 중심의 새로운 생활양식을 그녀들에게 안겨주었다. 그러나 그것은 남성들에게는 당연히 불편하고 거북스러웠다. 남편들은 여성 금지구역인 커피하우스에서 자기들끼리 자유와 안락을 누리고자 마음먹었다.

그들은 보통 서너 시간 있을 작정으로 단골 커피하우스에 간다. 그런데 친구가 들어선다. 그러면 또 서너 시간 더 버틸 수 있는 명분이 생긴다. 남편들의 그러한 커피하우스 '중독'을 아내들은 참을 수 없었다. 그녀들은 마침내 1674년에 차와 커피, 커피하우스의 '악덕'을 열거한 청원서를 당국에 제출하였다. 하지만 여인들의 호소는 무위로 돌아갔고, 남성들의 커피하우스 출입은 더욱더 늘어났다. 그 뒤 커피하우스의 여성 출입 금지령이 해제되고 여성들을 위한 우아한 커피하우스가 생기면서 차츰 커피하우스는 문자 그대로 영국 차문화의 모태가 되었다.

숙녀들의 출입과 더불어 18~19세기의 커피하우스는 신문, 잡지에 화제를 뿌리고 문학 작품에도 등장하고 풍속화의 좋은 화제(畵題)가 되기도 하였다. 커피하우스는 어느새 모드와 패션의 한 중심이 된 것이다. 시인 에즈라 파운드는 「찻집」이라는 시에서 커피하우스의 풍경을 이렇게 읊었다.

찻집의 저 아가씨
예전처럼 그렇게 예쁘지 않네.
팔월이 그녀 곁으로 지나갔네.
우리에게 머핀을 갖다줄 때
주변에 풍겨주었던 그 젊음의 빛도
이젠 더 이상 풍겨줄 수 없겠지.
그녀도 중년이 될 거야.

커피하우스의 실내 풍경을 그린 그림에서는 한 사나이가 신문이
나 잡지를 읽어주고 그를 둘러싸고 많은 손님들이 귀기울이고 있는
장면을 자주 본다. 전문직 종사자와 지식인들의 사교장은 어느덧
자의식에 눈뜬 민중의 열린 담론의 장, 정보센터가 되고 있었던 것
이다. 1페니만 지불하면 아무나 마음대로 출입할 수 있었으니 말이
다. 이렇듯 누구에게나 개방된 커피하우스와는 달리 펍은 20세기에
있어서도 화이트컬러와 노동복 차림은 각각 구별지어 자신들의 선
술집을 찾았다.

유럽의 19세기 말은 보헤미안의 시대, 보헤미안 중의 보헤미안
은 화가와 시인이다. 런던의 화가, 시인들도 커피하우스를 사랑방
처럼 드나들었다. 그들 중 특히 커피하우스를 즐긴 사람은 제임스
휘슬러(1834~1903)였다. 미국 태생의 이 상징파 화가는 오스카 와
일드를 비롯한 '세기말의 총아들'과 더불어 당시 런던의 대표적인
문예 커피하우스인 '카페 로얄'의 인기 있는 단골이었다. '카페 로

얄은 프랑스의 망명가가 주인이어서 유독 '카페'라고 불리었으며, 그 지하에는 런던 최고의 와인 저장실을 갖추고 있어 단골들을 더욱 기쁘게 하였다.

런던 시민은 초면 인사에서 대개 "당신의 단골 커피하우스는 어디입니까?" 하고 묻는다고 1727년에 런던을 여행한 어느 스위스인은 고국으로 보낸 편지에서 전하고 있다. 그리고 영국에서 사람을 찾으려면 그 사람의 집 주소를 묻지 말고 그의 단골 커피하우스를 찾으라는 말도 있다. 그들도 파리나 베네치아, 빈 시민들처럼 카페맨이었다고 할까.

신성한 즐거움, 애프터눈 티

런던 국회의사당 탑의 빅벤은 런던의 명물 가운데 하나이다. 이 대시종(大時鐘)과 관련하여 다음과 같은 말이 시민들 사이에서는 오래전부터 오간다고 한다.

"시계가 오후 4시를 치면 6시까지 영국 내의 모든 가정의 주전자가 한꺼번에 펄펄 즐겁게 소리를 내고, 도자기 찻잔을 테이블에 나란히 놓고 설탕을 넣어 짤그랑 부딪치는 소리가 들린다." 애프터눈 티를 두고 하는 말이다.

영국 사람들은 티타임을 도처에서 즐긴다. 나는 런던의 서점에

영국의 대표적 명차들

The SPECTATOR.

*Non fumum ex fulgore, fed ex fumo dare lucem
Cogitat, ut fpeciofa dehinc miracula promat.* Hor.

To be Continued every Day.

Thurfday, March 1. 1711.

**좋은 취미를 위해 창간된
신문 『스펙테이터』**

서 여러 번 티를 서브하는 '티 레이디'와 마주친 적이 있다. 많은 회사나 오피스에서 '티 레이디'를 고용한 전문업자와 계약하여 보통 오전 11시와 오후 4시의 티타임에 서브를 받아 모두가 차를 즐긴다. 그러나 그들이 차를 제일 즐기는 곳은 역시 가정이다.

해가 천천히 뜨고 일찍이 지는, 그리고 계절을 가리지 않고 언제나 우산을 끼고 밖으로 나가야 하는 날씨, 안개 낀 런던의 거리, 그러한 영국의 풍토는 지중해, 태양이 눈부시게 다스리는 유럽 남부와는 얼마나 대조적인가. 프랑스, 이탈리아 사람들이 즐거움을 밖에서 찾고 카페 테라스에서 커피를 즐긴데 반해 영국 사람들은 집에서 즐거움을 찾고 티타임을 집에서 특히 즐긴다.

'좋은 취미'를 위해 만들어진 신문 『스펙테이터』 창간사에서는 "아침식사에서 버터를 바른 빵과 차를 즐기는 패셔너블한 가정"을 제일의 독자로 지목한다는 것을 밝히고 발행인 리처드 스틸 역시 다음과 같이 말을 이었다. "우리 신문이 교양 있는 부인들의 티타임에서 화제가 된다면 더 이상의 영광은 없습니다."

18~19세기 영국 자본주의의 풍요가 낳은 시민계급의 '홈 스위

트 홈'. '마이 홈'의 하나의 상징이 바로 가정에서의 티타임이었다. 영국 사람들은 차를 하루 7~8잔은 마신다고 한다. 아침식사 전의 '얼리 티', 아침식사의 '모닝 티', 11시와 점심식사 때의 티, 오후 3시에서 5시 사이의 '애프터눈 티(하이 티)' 그리고 저녁식사와 취침 전의 티가 그것이다. 그러나 영국 사람들은 '티'라고 하면 보통 애프터눈 티를 말한다. 애프터눈 티는 커피하우스에서도 오후 3~5시 사이에 즐길 수 있으나 가장 반듯한 것은 집에서 손님을 초대하여 이루어지는 애프터눈 티파티이다. 그 티파티는 보통 집의 큰 방에서, 그리고 정원에서도 열린다. 그때 티테이블에는 아껴둔

부인들의 티파티

케임브리지에 있는 커피하우스 '앤티'의
현재(위)와 20세기 초(아래)의 모습

얼그레이티와 그 밖의 몇 가지의 명차, 고급 다기, 테이블 크로스 등과 함께 크림과 딸기잼을 듬뿍 얹은 스콘, 머핀, 비스킷 등 과자들도 마련된다. 모두가 그 집 주부의 교양과 품위를 가늠하게 하는 멋스러운 것들이다. 영국에서 누군가를 처음으로 자기 집의 애프터눈 티에 초대한다는 것은 당신과 친구가 되고 싶다는 의사 표시이다. 영국의 사교문화는 여주인 중심의 애프터눈 티파티를 통해 꽃피었다.

"애프터눈 티라는 의식에 바치는 시간만큼 즐거운 시간은 인생에 그다지 많지 않다"고 미국 작가 헨리 제임스(그는 유럽의 문화 풍토에 매료되어 1915년 영국에 귀화한다)가 말했다지만, 애프터눈 티는 1840년대에 공작부인 애너에 의해 시작되었다.

당시 상류사회의 식생활은 아침은 성찬인 반면, 점심은 간소하고, 손님을 초대하는 만찬은 대개 밤 8~9시. 그러므로 애너 부인은 그동안의 공복을 달래기 위해 오후 3~4시쯤에 차와 버터 빵이나 비스킷 같은 과자를 들며 그녀를 찾아온 부인들과 티타임을 가졌다. 그녀의 이러한 습성이 상류사회 부인들 사이에서 일종의 유행이 되어 애프터눈 티가 뿌리를 내렸다. 그리하여 우리는 18~19세기 영국의 화집에서 한 가족이 티테이블을 둘러싸고 단란한 시간을 즐기는 정경을 심심치 않게 본다.

영국 사람들도 프랑스 사람들이 카페를 예찬하는 만큼 애프터눈 티에 관해 많은 이야기를 들려준다. 여기 책과 더불어 차를 최고의 즐거움으로 여긴 19세기의 작가 기싱의 이야기를 들어보자.

"이 애프터눈 티라는 즐거운 차탁(茶卓)의 관습만큼 영국인의 가정 취미를 잘 드러내는 것은 없다. 오막살이 집에서조차 티타임에는 무엇인가 신성한 것이 느껴진다. 왜냐하면 그것은 번거로운 가사 일이 끝났음을, 그리고 편안하고 단란한 저녁이 시작됨을 알리므로 찻잔과 접시가 짤그랑 부딪치는 소리만으로도 마음은 혜택받은 안식으로 끌려들어 간다."

좋은 취미, 한 잔의 차

괴테는, 여행을 할 때 자기가 즐기는 차와 다기(茶器)를 갖고 다니는 영국 사람들을 보고 감탄한 바 있다. '한 잔의 좋은 차(A nice cup of tea)'는 영국 사람들이 가장 즐겨 쓰는 말이며 그들은 어디에서나 차탁(茶卓)을 벌인다.

지금 런던의 커피하우스는 얼마나 될까. 몇 해 전 영국 명차의 하나인 트와이닝 티의 런던 판매점에서 입수한 『차의 책』(1991)에는 영국의 유명한 커피하우스로 110여 곳을 꼽고 있다. 그 중 70여 점은 런던에, 그리고 40여 점은 지방에 있다고 한다.

최근 외신에 따르면, 영국 차의원회는 '명차점 조합'을 구성, 그 회원점으로 67개 커피하우스를 선정하였다고 한다. 선정 기준으로는 차의 맛과 색깔뿐만 아니라 종업원의 서비스와 화장실까지 따질 만큼 엄격하였다. 영국 사람들은 지금도 차를 한 사람당 연간 1,355잔 가량 마신다고 하니, 미국인의 154배이며 다른 나라에 비할 수 없을 만큼 단연 많이 마신다. 그러나 주스와 특히 1998년 이래 영국에 진출한 스타벅스를 중심으로 한 커피의 급속한 보급에 차는 크게 위협받고 있다. '명차점 조합'이 설립된 것도 국민적인 마실거리인 차를 더욱 애호하기 위해서는 좋은 커피하우스가 더욱더 많아야 한다는 취지에서였다.

존슨 박사

  한편 선술집 펍, 특히 동네의 펍은 영국 사람들 모두의 사랑방으로서 커피하우스보다도 더욱더 사랑을 받아왔으나 근년에는 미국풍의 패스트푸드점에 밀리는 어려움을 겪고 있다. 그리하여 '펍을 중심으로'라는 구호 아래 펍 살리기 운동이 전개되고 있다. 그리고 그 선두에는 왕세자 찰스가 나서고 있다. 잠을 잘 때 이외에는 찻잔을 입에서 떼지 않았다는 『영어사전』의 편자 존슨 박사는 선술집과 티테이블의 의자를 "인간 행복의 옥좌이다"라고 말한 바 있다. 그를 닮은 커피하우스맨이 영국에도 물론 적지 않다.

  끝으로 『차의 책』에 소개된 커피하우스 이야기로 이 글을 맺고자 한다. 그곳은 1726년으로 거슬러 오르는 옛 성당의 납골당이 있는 지하 커피하우스다. 물론 상호가 있다. 고요하고 그윽하며 신묘한 기품이 감도는 지하 성당에 들어서서 바닥에 깔린 묘석을 밟고 바로 내려다보면 다음과 같은 글귀를 읽을 수 있다.

"차를 마실 손님은 선반에 놓인 케이크나 캔디를 골라서 언제나 차를 마실 수 있습니다. 케이크의 대부분은 성당에서 구운 것이며, 차는 뜨겁고 진하며 풍부합니다. 음악. 눈에 안 띄는 곳에 가벼운 클래식 테이프가 있고 목요일 오후 6시부터 라이브 콘서트가 있으며 아마도 그 뒤에 차가 나올 것입니다."

그곳은 나에게 런던행을 애타게 기다리게 하는 환상의 커피하우스다.

빈, 카페 첸트랄

세기말 미학의 빛과 그림자

"거기에서는 아무것도 바라지 않는 사람들만이
그 기묘한 카페의 가장 고유한 매력을 더불어 나눈다."
— 「카페 첸트랄」에서

빈의 '어제의 세계'와 카페

카페는 그것이 놓인 거리와 도시의 풍경을, 그리고 그곳 사람들의 성정(性情)과 지나온 삶의 방식을 닮는다고 하지만, 이 말이 빈만큼 진실로서 느껴지는 곳도 없다고 할 것이다. 빈의 카페에서는 바로크풍의 외관이나 도아한 실내장식, 분위기에 잘 어울리는 귀부인들을 종종 보게 된다. 마이센 자기 찻잔을 앞에 놓고 창 밖을 내다보는, 60대에 접어든 그녀들의 전아한 자태는 30~40대 주하(朱夏)와 백추(白秋)의 화려했던 계절들을 추상하는 것일까. 잠시 그런 생각들이 교차됨은 빈이라는 도시의 풍경 탓일까.

빈 최초의 카페가 문을 연 것은 1684년, 그것은 오스만-터키 군이 남기고 간 커피 원두(콩)로써 문을 열었다고 한다. 빈을 가리켜 극작가인 브레히트는 "카페의 둘레 속에 만들어진 도시"라고 하였다지만 빈은 파리에 견줄 카페의 거리이며 빈 사람들은 태어나면서부터 카페맨이 된다고들 한다. 그들이 그만큼 유서 깊은 고도(古都)의 후예들답게 한유(閑遊)와 사교를 즐기는 멋스러운 사람들이라는 이야기이리라.

유럽 도시의 중심 광장에는 대개 오페라극장이 주위를 흘겨보듯 당당히 자리잡고 있다. 교양 있는 시민의 사교 터전인 극장은 유럽에 있어 전통적으로 도시 문화의, 아니 도시 공동체의 상징이기도 하다. 극장 주변에는 으레 여러 카페가 자리잡고 있다. 그 전형적인 예가 빈의 국립 오페라극장과 그 바로 맞은편에 자리잡은 카페 '모차르트'라고 할 것이다. 빈을 무대로 한 영화 「제3의 사나이」에 등장하는 '모차르트'는 1794년에 문을 연 카페로, 실제로 모차르트를 비롯하여 베토벤, 슈베르트도 그곳 단골이었다.

거리 여기저기에서 모차르트와 베토벤, 브람스 혹은 요한 슈트라우스의 동상 혹은 대리석 상과 마주치는 음악의 도시 빈에는 모차르트와 베토벤의 이름을 붙인 카페가 여러 곳 있으며 적지 않은 카페에서는 요일과 시간을 정해 피아노나 바이올린 연주를 한다. 그리고 빈의 카페는 음악가들이 '빈 카페'라고 부른 독특한 카페 문화를 발전시켜 왔다.

빈의 카페 문화는 19세기 말에 절정에 달하여, 카페의 수는 600여 곳을 헤아리고 1910년에는 1,200여 곳으로 두 배가 되었다. 유럽의 많은 카페와 마찬가지로 빈의 카페도 1848년 혁명 이전에는 이데올로기나 정치적 담론의 장이었다. 그러다가 그 뒤에는 사교의

20세기 전반기의 카페 손님들의 갖가지 모습

빈의 상징인
오페라극장

장이 되었다. 파리에서 온 사람들도 놀랄 만큼 빈 카페 중에는 호사
스러운 건물이 많다. 그도 그럴 것이 오스트리아 제국이 해체되기
(1918) 이전까지만 하여도 낮에는 아름다운 링슈트라세(환상도로)에
서 산책을 즐기고 밤에는 오페라를 감상하는 상류계층이 카페를 좋
아하여 단골처럼 들른 것이다. 그러면서 1870년대에 이르러 그 카
페들은 '가족을 위한' 카페가 되었다. 파리나 베네치아의 카페가
일상적인 것을 피해 보헤미안적 자유를 즐기기 위한 곳이라면 빈
시민들, 특히 부인들은 카페를 가정의 연장으로 여기며 일손에서
해방되면서 잠시나마 여가를 즐기는 버릇이 오래된다.

베네치아의 '플로리안'이나 파리의 '프로코프'가 17~18세기
유럽 카페 문화의 제1세대를 대표한다면 19세기 중엽 이후 제2세대
의 전형적인 카페로서 우리는 빈의 '카페 첸트랄(Cafe Central)'을 들

수 있을 것이다.

19세기 중엽 빈의 카페를 대표한 것은 원래 1847년에 문을 연 '그리엔슈타이들(Griensetidl)'이었다. 그곳에는 알텐베르크, 헤르만 발, 슈니츨러, 호프만스탈(귀재로 불린 그는 당시 반바지를 입은 김나지움의 학생이었다) 등 빈의 세기말 문학을 대표하는 '젊은 빈' 파가 단골로 상주하다시피 하였다. 그러다가 1897년 도시 개혁으로 인해 그리엔슈타이들은 헐리게 되었다. 이때 시인 카를 크라우스는 그 해체를 문학의 망실(忘失)로 여기면서 '헐고 해체되는 문학'이라는 추도문을 그리엔슈타이들에 바쳤다.

"빈은 지금 대도시가 되기 위해 파괴되고 있다. 옛집들과 더불어 우리의 추억인 마지막 받침이 무너지고 있다. 그리고 얼마 안 가서 명예로운 카페 그리엔슈타이들마저 제멋대로의 삶에 의해 완전히 파괴될 것이다. 우리의 문학은 집 없는 시대를 맞게 되었고 시인들이 뽑아내던 창작의 실낱은 무자비하게 끊어진다. 앞으로도 문인들은 자기 집에서 즐거운 사교에 열을 올리리라. 그러나 문인으로서의 생활, 갖가지 초조함과 흥분이 따르는 문학이라는 업은 문학적 교류의 터전을 제공해 준 둘도 없이 소중했던 카페 그리엔슈타이들에서 연출되고 있었던 것이다. 무너진 카페 밖으로 시인이 연행되는 현실의 세계는 문학이라는 도락(道樂)의 토대를 부수고 말 것이다. 우리의 젊은 문학은 어디로 가야 하나? 우리의 새로운 그리엔슈타이들은 어디인가!"

카페 첸트랄과 카페맨 알텐베르크

오랜 단골 카페를 잃게 된 젊은 문인들은 곧 새 둥지를 찾아야 했다. 그곳이 바로 카페 첸트랄이다.

1868년에 문을 연 카페 첸트랄. 바로크풍의 장려한 건물들이 처마를 잇댄 '헤렌 가세(귀족의 거리)'. 그곳에 자리잡은 첸트랄의 건물은 오늘날에도 설계자의 이름을 따 '페르스텔 팔레스'라고 불릴 만큼 당당한 귀족풍의 건축물이다. 첸트랄의 손님은 단골인 화가, 작가, 음악가, 연극인, 각종 평론가, 저널리스트 이외에도 다민족 국가의 수도, 각양각색의 정파(政派)와 이데올로기의 도가니이기도 한 도시 빈을 반영하여 자유주의자, 사회주의자, 범슬라브주의자, 시오니스트, 민족주의자, 노동조합 지도자, 망명자 등 참으로 다양하고 잡다하였다.

그러나 카페의 문을 열고 들어서면 사람들은 첸트랄을 자기 집처럼 드나들며 아침 일찍부터 진을 치고 있는 '젊은 빈' 파의 면면들을 그리고 작가 츠바이크, 웰페르, 웨디킨스, 화가 코코슈카, 부르크 극장의 배우 등 당대 빈의 젊은 정신적 귀족들을 볼 수 있었다. 그들이야말로 오늘에 이르기까지 카페 첸트랄을 빛낸 인물들이었다.

그 자신 첸트랄의 단골이던 한 작가는 에세이 「카페 첸트랄」에서 다음과 같이 토로하였다.

"장소가 사람을 닮는 것인지, 혹은 사람이 장소를 닮는 것인지

세기말 빈을 빛낸 예술가들.
왼쪽부터 건축가 로스, 작가
알텐베르크, 화가 코코슈카

알 수 없다만, 나는 서로가 영향을 주고받는 것이라고 생각한다. 첸트랄에서는 무기력이 그의 가장 고유한 힘을 버티고 불모의 열매가 익어가며 모든 무소유가 이자를 낳는다. 카페 첸트랄은 빈의 위도(緯度)와 '고독의 자오선'이 교차되는 지점에 있다. 그곳에 사는 사람은 대부분 혼자 있기를 바라면서도 그것 때문에 동료를 필요로 하고, 인간에게 적의를 품으면서도 격하게 사람을 찾는 부류이다. 그곳은 스위트 홈을 몹시 혐오하는 사람들의 스위트 홈이다. 내면의 세계와 외부 세계 사이에 완충지대가 필요한 사람들이었다. 카페 첸트랄의 손님들은 아는 사이면서 서로 경멸하였다. 어떠한 관계도 맺지 않으면서도 그 무관계가 관계라고 여겼다. 거기에서는 아무것도 바라지 않는 사람들만이 그 기묘한 카페의 가장 고유한 매력을 더불어 나눈다."

귀족풍의 카페 첸트랄에서 커피를 즐기는 여인들

카페 가운데서도 가장 매혹적인 카페에 대한 비밀스러운 이야기이다. 세기말 빈의 카페맨 가운데서도 최고의 카페맨은 단연 보헤미안 작가 페터 알텐베르크였다. 그는 '눈을 뜨고' 있는 동안은 거의 언제나 첸트랄에 앉아 있었다. 알텐베르크는 자기집 주소를 '빈 1구 카페 첸트랄'이라고 공언하였다. 문학사저에도 그렇게 기재되었다. 그러한 그의 모습을 한 동료 작가는 다음과 같이 오묘하게 전해준다.

"세계에서 제일 담배 연기가 가득 찬 카페의 한복판에서도 그의 눈에는 산골짜기의 일출(日出)과 빛나는 바다가 보였다. 눈에 띄는 색깔의 영국풍 체크 무늬 양복을 걸친 이 신경쇠약의 사나이는 일종의 고도로 세련된 익살꾼이었는데 그의 감성은 습관이나 관례에 아랑곳 않고 세상의 눈치를 보지 않았다. 극단적이 되더라도 결코 정신의 빛을 잃는 일이 없었다. 그는 전적으로 자신이기 위해 살고 있었다. 그것이 그를 행복하게 하고 자유롭게 하였다. 그리고 다른 이들에게 살아나갈 힘을 주었다. 그는 언제나 한가하였지만 한가함 가운데서 최대 최고의 시간을 누렸다."

이상과 같은 알텐베르크의 편린 속에서 우리는 전형적인 카페맨의 참모습을 엿볼 수 있다. '빈의 소크라테스'로 불리며 창부에게서 '맑은 것'을 본 알텐베르크는 자기 생활비를 누군가가 지출해주는 것에 대해 전혀 마음을 쓰지 않았다. 그에게는 많은 에피소드가 붙어다녔다. 그 가운데 그가 직접 들려준 이야기 한 토막.

"(알텐베르크에게) 한 달치 집세 15크로네를 대신 내준 어느 사나이가 '페터, 자네들 단골 테이블에 오늘밤 내 애인을 데려가도 좋은가? 자네들과 어울려 시야를 넓혔으면 하네.' '시야를 넓힌다고? 15크로네로는 안되네. 아무리 값싸더라도 월 25크로네는 되어야지. 15크로네 가지고는 그녀는 여전히 멍청이로 남을 걸세.'"

빈에는 비엔나 커피가 없다

예절과 격식을 귀히 여기는 '황제의 도시' 빈, 그 카페의 최고의 특징으로서 우리는 반듯하고 품위 있는 서비스를 들어야 할 것이다. 입구에 들어서면 대하게 되는, 옛 귀족 가문의 집사장을 떠올리게 하는 풍모의 지배인, 데스크를 지키는 그를 비롯하여 가르송 모두가 단정하고 예의바르며 그에 더해 재치와 유머 또한 잊지 않는다. 빈의 가르송은 예부터 유럽 제일이라는 평판을 누려, 그들은 독일, 체코, 스위스 등 독일어권의 카페나 레스토랑에서 욕심을 부리는 존재이다. 정중하고 은근한 그들의 거동은 실내의 고급스러운 분위기와도 잘 어울려 우리로 하여금 우아한 작은 음악당에라도 들어선 기분을 맛보게 한다.

빈의 카페에서 '커피 한잔!' '블렌디 커피!'라고 주문하면 그것은 예의에 어긋나는 것이 된다. 빈에서 커피는 색깔, 질, 양에 따라

빈 카페의 오락실
(1920년경)

서 갖가지로 명칭이 나뉜다. 예를 들어 커피와 밀크의 배합도에 따라서 밀크커피의 호칭이 달라진다. 빈의 독특한 '멜란제(Melange)'는 커피와 밀크의 비율이 반반이며 '카푸치노'는 커피의 비율이 훨씬 높고 '브라우너'는 커피의 비율이 약간 높다. 커피 애호가들이 즐기는 '카푸치노'라는 명칭은 합스부르크 왕조의 종묘를 관장하는 카푸친파 수도사들의 검은 승복이 짙은 커피색과 같은 데서 유래하였다.

빈에는 유럽의 어느 곳보다도 각양각색의 커피와 티가 있다. 그러나 빈에는 우리가 서울에서도 즐겨 마시는 '비엔나 커피'가 없다. 빈의 카페에서 '비엔나 커피!'라고 주문하여도 아무도 알아듣지 못한다. '아인슈패너(Einspanner)'라고 말해야 한다. '아인슈패너'란 '말 한 필의 마차'라는 뜻이다. 커피가 전래되고 카페가 생겨나자 빈 시민들은 누구나 그 매력에 푹 빠졌다. 마부들도 예외는 아니었다. 그러나 그들은 손에서 고삐를 놓을 수 없다. '커피가 마시고 싶은데' 카페 문전에서 한숨을 쉬는 마부들을 동정하여 한 카페 주인이 커피 잔에 향기로운 커피와 함께 설탕과 생크림을 듬뿍 넣어주었다. 이후 그 커피는 '아인슈패너'라고 불리게 되었다.

빈의 카페에는 보통 당구대가 네댓 대 놓여 있으며 포커놀이에 열중하는 손님들도 자주 눈에 띈다. 프로이트도 첸트랄의 당구대를 즐겨 찾았고, '이민자'로 위장하여 1907년부터 몇 해 동안 빈에서 망명의 나날을 보냈던 러시아의 트로츠키도 그곳에 자주 모습을 나타냈다.

유럽에서 좋은 문학 카페의 조건 중 하나는 신문, 잡지를 구비하는 것이다. 카페 첸트랄에는 유럽과 미국의 주요 문예지와 예술 잡지, 그리고 세계 22개국에서 발행된 251종의 신문이 언제나 갖추어져 있었다. 그리하여 손님들은 만날 사람을 기다리는 동안 신문이나 잡지를 훑어본다. 처음부터 잡지, 신문을 읽기 위해 카페를 찾는 이도 적지 않았다. 세기말 첸트랄의 명물 가르송장인 프란츠는 단골들이 나타나면 먼저 그들의 애독지부터 갖다주었다. 그가 20년 만에 모습을 나타낸 옛날 단골에게 이전에 그가 애독하던 신문을 바로 갖다준 이야기는 두고두고 카페 거리의 신화가 되었다.

"고민이 있으면 카페로 가자"

1920년대에 들어서면서 카페 첸트랄에는 작가나 음악가, 미술가 이외에도 반유대주의자들과 시오니스트들이, 사회주의자들과 더불어 국수주의자들이 눈에 띄게 출몰하여 열띤 토론을 벌였다. 좌절한 그림쟁이 히틀러도 종종 나타났다는 후문이 오늘날까지 전해지는 첸트랄. 카페 첸트랄은 음울한 시대의 도래를, 빈의 찬란했던 '어제의 세계'를 예고하는 바람개비이기도 하였다.

어제의 좋았던 나날들을 떠올리며 오늘을 지내는 노귀부인의 모습을 닮은 고풍스러운 도시 빈, 그 빈을 쏙 닮은 카페 첸트랄에 앉아 빈 시민들은 빈의 벨 에포크가 이룬 석양 빛과도 같은 찬란한 문학과 예술, 사상에 출렁이고 그러면서 불투명한 미래를 애써 외면하였다.

발걸음을 옮길 때마다 마주치는 왕궁과 극장, 고딕 성당과 미술관 그리고 대리석과 청동으로 혹은 오페라 무대에서 소생한 그 자랑스러운 빈의 적자(嫡子)들, 그 밖에도 갖가지 역사적 모뉴멘트로

19세기 초기의 빈 카페의
웨이터

아로새겨진 빈의 거리거리에서 당당히 19세기풍의 품위를 발산하는 빈의 카페들. 첸트랄 이외에도 헤렌호프, 무제움, 임페리얼, 슈페를, 모차르트 등 빈에는 문화의 역사에 기록될 카페가 실로 50여 곳이나 된다. 이 카페들이 꽃피운 카페 문화는 세기말의 시인, 작가, 음악가 및 화가들의 작품과도 같이 바로 세기말 빈이 창출한 제1급의 작품이 아니던가.

슈니츨러와 호프만스탈의 작품에, 말러의 음악과 클림트의 그림에 농밀하게 수놓인, 에로스와 죽음이 교차된 빈의 세기말적 미학, 그 아름다움의 열락(悅樂)과 색음(色音)들. 그 모두는 신성로마제국 합스부르크가의 800년 왕도 빈이 운명적으로 상징한 유럽의 '어제의 세계'가 그 황혼길에서 하늘 가득히 붉게 메운 찬란한 광망(光芒)이 아니었던가!

20세기 초 빈 화단에 샛별처럼 나타난 코코슈카의 두 작품이 연상된다. 「꿈꾸는 소년들」(1908)과 「살인자, 여인들의 희망」(1909)이다. 전자는 그의 시작품에, 그리고 후자는 희곡에 붙여진 삽화이다. 코코슈카는 시도 쓰고 희곡도 발표하였다. 두 작품은 빈이 잉태한 세기말적 미학의 본질을 이루는 에로스의 고뇌를 잘 표현하였다. 코코슈카는 죽음과 맺어진 에로스의 삶으로서의 가능성을 두 대극점에서 찾았다. 「꿈꾸는 소년들」에서는 사랑을 꿈꿈으로써 자기와 세계를 도로 찾고자 한다. "나는 쓰러지고 사랑을 꿈꾸었다."

그러나 다음해 발표된 「살인자, 여인들의 희망」에서는 꿈에 대신하여 남녀간의 무섭고 스산한 동물적 투쟁이 출현한다. "소름이 끼치는, 격정에 찬 인간성이 그 경험 능력과 더불어 우리들 자신의 경험으로서 나타난다." 이 표현주의의 선구자는 아우슈비츠를 예감한 것일까.

제국으로서의 오스트리아 해체(1918)와 알텐베르크의 죽음(1919)은 카페 첸트랄의 황혼을 예고하는 것이었을까. 첸트랄의 단골 가운데 한 사람인, 극작가이며 역사가이자 배우였던 에곤 프리델은 1938년 나치의 가택 수색을 당하자 2층에서 뛰어내려 스스로 죽음을 택하였다. 그의 죽음은 바로 화려했던 빈 카페 문화의 종말을 상징하였으니 첸트랄은 1940년에 문을 닫았다. 그 얼마 뒤 어느 시인은 다음과 같이 하소연하였다.

"헤렌 거리와 슈트라오호 거리의 길모퉁이에서 폐쇄된 창을 통해 첸트랄이 울적하게 지나가는 사람들을 향해 하품하고 있다."

첸트랄은 히틀러 제3제국의 종말과 더불어 소생하였다. 오늘날 옛 모습으로 복원된 그 건물 정문 현관 위, 2층 베란다에는 카페 첸 트랄의 짙은 분홍색 깃발이 지나온 역사를 상징하듯 드리워져 우리 를 맞는다. 그리고 홀 내부에 들어서면 신문을 쥔 손을 무릎에 댄 알 텐베르크의 납인형상이 옛 친구들을 대하듯 멜랑콜리한 표정으로 원래(遠來)의 이 객을 맞아준다. 60 전후의 단정한 신사 숙녀가 띄엄 띄엄 자리를 차지한 홀 안, 속삭이듯 알텐베르크의 쉰 듯한 목소리 가 들려오는 것만 같다.

고민이 있으면 카페로 가자.

그녀가 이유도 없이 만나러 오지 않으면 카페로 가자.

장화가 찢어지면 카페로 가자.

월급이 400크로네인데 500크로네 쓰면 카페로 가자.

바르고 얌전하게 살고 있는 자신이 용서되지 않으면 카페로 가자.

좋은 사람을 찾지 못하면 카페로 가자.

언제나 자살하고 싶다고 생각하면 카페로 가자.

사람을 경멸하지만 사람이 없어 견디지 못한다면 카페로 가자.

이제 어디서도 외상을 안 해주면 카페로 가자.

베를린, 로마니셰스 카페

보헤미안들의 벨 에포크

"나는 인생의 가장 좋은 나날을 카페의 한쪽 구석에서 보냈으나
그것을 후회한 일은 한 번도 없다. 단골 카페의 테이블에서
글을 쓰는 버릇이 생긴 지도 어언 반세기가 된다." — 케스텐

베를린, 황금의 1920년대

빔 벤더스의 영화 「베를린 천사의 시」에서 가장 인상적인 것은
노시인이 1920년대의 베를린을 그리워하며 이야기하는 장면이다.
베를린의 1920년대는 문화사상 '황금의 시대'로 일컬어진다. 그러
나 그것은 같은 시대의 파리나 빈의 성숙한 문화 전통 위에 나타난
'벨 에포크'와는 뉘앙스가 매우 다르다. 그 당시 베를린의 인구는
400만, 유럽 제1의 대도시였다. 61개의 신문이 발행되고 200여 개
의 출판사, 3개의 오페라하우스와 130개가 넘는 크고 작은 극장, 37
개의 영화사가 한 해 동안 약 150편의 영화를 제작하여 363개 영화
관에서 상영했다. 지난날의 군국(軍國) 프로이센의 수도는 예술과
문화의 메트로폴리탄으로 놀라운 변신의 소용돌이 속에서 몸부림
치고 있었다.

제1차 세계대전의 패전과 혁명이 낳은 바이마르 공화국은 프리

신·구 베를린의 상징인 파괴된 빌헬름 기념교회와 새 예배당

드리히 대왕의 그림자가 짙게 드리운 프로이센 500년의 역사를 청
발(淸拔)하는 길에서 우왕좌왕 좌절을 거듭하였으나 예술과 문학의
세계에서는 과거 청산의 치열한 의지를 안고 불확실한 실험적 상황
속에서도 신선한 풍요를 누렸다. 그 중심에 브레히트로 대표되는
표현주의 문학과 칸딘스키를 비롯한 쟁쟁한 화가들의 조형예술, 반
문명적인 예술운동 다다의 아방가르드가 자리했다. 그리고 불멸의
지휘자 푸르트벵글러의 베를린 필하모닉, 연출의 마술사 라인하르
트의 독일극장, 표현주의 영화 「갈리가리 박사의 작은 방」(1919), 마
를렌 디트리히의 「푸른 천사」(1930)! 베를린은 참으로 창조의 실험
장이며 타작의 빛나는 도가니였다. 그리하여 독일 내외로부터 많은
유명·무명의 작가, 예술가들이 베를린으로 모여들었다. 신즉물주
의(新卽物主義)의 문학을 대표한 극작가 추크마이어는 당시를 상기
하며 훗날 이렇게 토로하였다. "베를린은 미래의 맛을 풍겼다. 그
매력을 위해 누구나 불결과 추위를 기쁘게 참았다. 베를린을 손에
넣은 자야말로 세계의 정복자이다."

한편 작가 하인리히 만 또한 『사랑한 도시』에서 1920년대의 베
를린을 다음과 같이 전해준다.

"유럽 문명의 개화에서 베를린은 중심지인 동시에 처녀지였다.
베를린은 모든 것을 받아들였다. 물론 창조적이었으며 그 이상으로
열려 있었다. 창조자들은 곳곳에서 베를린을 찾아왔으며 이 대도시
는 그에 알맞게 당당했다. 이것이야말로 바로 위대한 도시의 사명

왼쪽
로마니셰스 카페 풍경

오른쪽
칸딘스키의 「나의 식당」

이다. 그에 더해 다른 문화들도 섞여들어 왔다.”

소비에트와 프랑스의 아방가르드 그리고 미국의 대중문화, 이미 이름이 알려진 작가나 예술가들은 불확실한 시대에 미래를 위한 변신을 도모하고, 무명은 무명대로 자기 실현을 위해 베를린에 모여들었다. 그들 유명·무명이 베를린에 도착하면 가장 먼저 찾은 곳은 카페였다.

카페와 카페 문화는 그것이 자리잡은 도시와 시민의 심성을 비춰주게 마련이다. 지난날 프리드리히 대왕은 커피광이었다고 하지만 그의 수도에 카페가 생긴 것은 파리나 빈에 비해서는 한 세기 뒤, 같은 독일의 함부르크나 라이프치히보다도 10년이나 늦어서였다. 베를린을 별로 좋아하지 않았던 괴테의 다음과 같은 말이 그 이유를 대변해 준다. “사람들은 여기에서는 (이야기를 하지 않고) 저마다 자기 주장만 할 뿐이다." 부지런하고 규율에 충실한 베를린 사람들은 한가를 즐기는 데 서투르다. 카페란 한량들의 사랑방이 아니던가. 운데르 덴 린텐 거리를 소요하며 케이크와 맥주를 즐기던 베를린 사람들이 카페에 좌정하기 시작한 때는 19세기 말, 아니 20세기 초에 이르러서였다.

베를린의 카페 문화를 연 것은 베를린 제일의 번화가인 쿠담 거리에 자리잡은 '카페 데스 웨스텐스(Cafe des Westens)'였다. 그곳이 1893년에 문을 열자 곧 초기 표현주의자들과 보헤미안들의 단골 사랑방이 되었다. 그리하여 사람들은 그곳을 '과대망상광 카페'라고 이름지었다. 정말로 그들은 과대망상가들이었을까.

카페는 도시의 문화 풍속이 그대로 드러나는 곳. 1920년대 베를린에서 막 펼쳐진 새로운 문화 풍경은 카페의 지도를 바꾸어 놓았으니 카페의 '이동' 현상이 일어났다. 그리하여 '카페 데스 웨스텐

프리드리히 대왕 별궁에
있는 중국 다관(茶館)

스'를 대신하여 이제 '로마니셰스 카페(Romanisches Cafe)'가 베를린에서 카페 중의 카페가 되었다.

로마니셰스 카페, 창조적 정신의 대합실

1916년 카이저 빌헬름 기념교회 맞은편에 문을 연 '로마니셰스 카페'는 1918년경부터 베를린 화가들의 주요 사랑방이 되었다. '로마네스크풍의 카페'라는 명칭은 바로 가까이에 있는 네오로마네스크 양식의 큰 상관(商館)에 대비되어 붙여진 이름이다. 그곳은 한 젊은 작가가 '창조적 정신의 대합실'이라고 그럴듯한 이름을 부여하였으나 건물 자체는 생기가 없고 크기만 한 내부는 품위 없는 인테리어로 장식되었다. 그에 더해 카페는 그곳에 모여든 젊은 예술가들에게는 결코 편한 곳이 못 되었다.

카페 주인은 국내외의 많은 신문을 갖추는 배려를 하면서도 커피 한 잔으로 여러 시간 버티는 미래의 파르나스(Parnas)의 주인들에게는 무자비했다. "계산을 끝내고 물러가고 다시는 오지 않도록 부탁합니다"라고 인쇄된 쪽지를 컵 옆에 놓게 하였다. 가난한 단골들이 비웃던 이 '불쌍한 카페'도 1925년경에는 유명해졌다. 당시 꼭 봐야 할 장소라는 관광 시리즈 책자의 베를린편에 로마니셰스 카페가 소개된 것이다. 그 책자에서는 로마니셰스 카페를 다음과 같이 치

옛 로마니셰스 카페의 외관

켜세웠다.

　"로마니셰스 카페는 베를린의 횡단면이다. 여기에는 미래의 예술가나 철두철미 진정한 보헤미안들이 모여들 뿐만 아니라 날카로운 문학적 센스를 지닌 광고 대리인에서부터 이혼문제에 관한 인기 있는 전문 변호사, 평판 좋은 정신과 의사에 이르기까지 다양한 인사들이 모여 있다."

　카페의 홀은 신분 계층에 따라서 묵시적으로 나뉘어 있었다. 입구 왼편에는 별로 크지 않은 정방형 홀이 있어 이미 명성을 얻은 인사들의 방으로, 그것은 '헤엄치는 이들의 풀'이라고 불렸다. 거기에서는 유명 화가나 디자이너 그리고 연출가 라인하르트의 모습도 볼 수 있었다. 입구 오른쪽 60~70개의 테이블이 놓인, 꼭같이 장방형의 큰 홀은 '헤엄치지 않는 이들의 풀'로 불리며 언젠가 '헤엄치는 이들의 풀'의 정주자(定住者)가 되기를 꿈꾸는 작가, 예술가 지망생들로 언제나 붐볐다. 한편 독일 인상파의 대표적 화가인 슬레포크트(그는 좌담의 명수였다)를 중심으로 하는 화가들은 '헤엄치지 않는 이들의 풀' 입구의 바로 왼편에 그들의 상석(常席)을 마련하였다. 그들 중의 어느 화가는 로마니셰스 카페를 다음과 같이 묘사하였다.

"카페는 제법 소란스러웠다. 쉴새없이 회전문이 돌아갔다. 그리고 유명·무명의 예술가, 문인, 의사, 학자, 음악가, 여자처럼 보이는 사나이, 남자처럼 보이는 여자, 멋쟁이 모습, 매우 남루한 자태, 단골과 어쩌다 들른 방문객, 성미가 급한 자와 커피 한 잔에 몇 시간이나 끈질기게 자리를 차지하며 비치된 신문을 읽는 자들이 끊임없이 들락날락하였다. 우리에게 인사하는 이가 많았으나 호기심 어린 시선을 보내는 자도 있었다. 담배 연기가 좁고 길다란 홀의 공기를 자욱이 메우고 있었다. 후면 벽 큰 거울에는 움직이는 영상(映像)이 광학적 울림처럼 비쳤다. 카페 전체가 대도시를 움직이는 작은 마녀의 냄비였다."

'작은 풀'로부터는 꼬불꼬불한 계단이 화랑으로 통하고 그 뒤편의 체스홀은 밖에서도 보였다. 베를린에서도 가장 아름답다는 평판을 듣는 로마니셰스 카페의 테라스는 언제나 손님으로 만석이었다.

로마니셰스 카페의 하루는 그 모태인 베를린과 마찬가지로 언제나 어수선했다. 전세계의 신문이 서가에 꽂히면서 아침 8시에 입구의 회전문이 열리면 제일 먼저 찾아든, 밤을 꼬박 새운 두 난봉꾼이 첫 커피를 독촉한다. 9시가 되면 잔주름의 40대 사나이가 오늘은 자신의 투고 원고가 실렸을까 하고 신문을 뒤진다. 10시부터 오후 1시 사이에는 무명의 작가, 예술가 지망생이 하나둘 모여든다. 그들도 신문부터 찾는다. 진한 화장을 한 여인도 일찍부터 자태를 나타낸다.

오후 2시부터 4시 사이에는 이름이 다소 알려진 인물들이 나 보라는 듯 등장한다. 그들은 대개 한 잔의 모카 커피가 생각나서 고급 레스토랑 '켐 필스키'로부터 직행한 사람들이다. 4시경은 가르송의 교대 시간, 한 무리의 문학 청년들이 지불을 하지 못해 변명을 늘어놓는다. "돈을 갖고 있는 친구를 기다리고 있소. 우리를 잘 알지 않소. 이 금펜을 담보로 잡아도 좋소." 구석에서는 젊은 연인들이 레몬주스를 마시며 새롱거리고 있다.

저녁 7시. 많은 손님이 흑빵을 찾고, 비프스테이크를 주문하는 손님도 있다. 공짜 영화표를 얻고 싶어 조감독에게 떼를 쓰는 여인도 보인다. 영화가 끝날 때까지는 손님이 뜸하다가도 금세 다시 활기를 찾는다. 밤 12시에서 새벽 3시까지는 다시 조용해진다. 집 없고 갈 곳이 없는 자가 마지막까지 끈덕지게 버티지만 3시가 되면 영락없이 폐점이다. 어떻든 로마니셰스 카페는 날로 유명해지고 1930년경부터는 카이저 빌헬름 기념교회를 순회하는 유람자동차 운전

베를린의 또 하나의 대표적인 카페 '크란츨러'

사들이 목청 높이 외쳤다.

　"신사 숙녀 여러분, 오른쪽에 보이는 것이 로마니셰스 카페입니다. 돈이 되지 않는 예술을 한다는 사람들의 올림포스, 베를린 보헤미안들의 중추……."

　보헤미안의 사랑방인 카페는 보헤미안 중의 보헤미안족인 화가들을 첫번째 손님으로 맞게 마련이지만 로마니셰스 카페는 특히 화가들의 사랑방이었다. 그들은 1916년경부터 특별석을 마련하였다. 그들 중에는 독일 인상파의 대표격이던 슬레프초보를 좌장으로, 베를린 예술아카데미 총재인 리베르만 올리크, 신즉물주의의 디크스 잡지 『횡단면』의 창간인인 후레히트하임 같은 거물급 화가들도 있었으며 그들에 섞여 화상이나 미술 출판인도 자주 합석하였다. 그리고 '카페 데스 웨스텐스'의 '혁명가들의 테이블'에서 이사온 로자 룩셈부르크, 리프크 네히트, 그리고 소비에트 작가 에렌부르크의 모습도 종종 볼 수 있었다. 특히 당대 화단을 대표한 거장 칸딘스키는 바우하우스의 교수로서 바이마르에 거주하면서 어쩌다가 베를린에 오면 반드시 로마니셰스 카페에 들렀다. 그럴 때면 베를린의 화가들이 몰려들어 장관을 이룬 칸딘스키의 테이블은 뉴스의 초점이 되기도 하였다.

로마니셰스 카페를 유명하게 만든 것은 화가, 작가와 더불어 저널리스트였다. 특히 신문 잡지의 문예란 편집자들에게 제1급의 화가와 작가, 문예비평가와 저널리스트들이 모이는 이 카페는 하루 한 번은 꼭 들러야 할 '거래처'였다.

로마니셰스 카페에는 그들의 화가나 작가, 저널리스트의 상석 외에도 '주 1회석' 및 '아가씨들의 자리'도 있었다. 전자는 주마다 한번 정도 데이트 장소로 이용되는 테이블을 가리키며 후자는 어엿한 숙녀, 혹은 정체불명의 여성이 정사(情事)를 기대하며 미지의 이성을 기다리는 자리를 빗대어 일컬어졌다. 그리고 해마다 한 번은, 즉 섣달 그믐날 밤이면 사방으로부터 프록코트의 신사, 야회복의 부인, 인도의 무희로 분장한 여인들이 카페에 몰려들었다.

1920년대 베를린의 이름난 카페맨은 케스텐이다. 신즉물주의의 대표적 작가이며 훗날 국제적인 명성을 누리게 되는 그는 『카페의 시인』(1960)이라는 저술도 남겼다. "나는 인생의 가장 좋은 나날을 카페의 한쪽 구석에서 보냈으나 그것을 후회한 일은 한 번도 없다. 단골 카페의 테이블에서 글을 쓰는 버릇이 생긴 지도 어언 반세기가 된다."

케스텐 못지않은 카페맨은 시인이며 소설가인 케스트너로, 로마니셰스 카페의 단골이었다. 베를린에서의 그의 활발한 작가 활동은 카페에서 문예 편집자들과의 만남에서 시작되었다. '시인이란 집에서 유유자적 시상(詩想)을 가다듬는 사람'이라고 생각하는 그의 젊은 여성 숭배자들의 예상과는 달리 케스트너는 주로 카페에서 시작(詩作)을 하였다. 처녀시집 『허리 위의 심장』(1927)뿐만 아니라 그에게 세계적 명성을 안겨다 준 소년소설 『에밀과 탐정들』(1928)도 카페에 마련된 그의 테이블에서 햇빛을 보았다.

케스트너는 '로마니셰스 카페'에서 '카페 칼톤'으로 그리고 '카페 레온' 등등으로 카페를 전전한 카페맨이었다. 원고를 쓰고 있을 때 누군가가 어깨 너머로 엿보는 것을 싫어하면서도 그는 종일 카페에서 집필하였다. 그리고는 중얼거렸다. "나는 전용 카페를 만든다. 내가 살고 있는 곳에 문학 카페가 문을 연다."

시인, 예술가와 더불어 출판인 중에도 카페맨이 적지 않다. 미술 살롱을 개설한 적도 있는 1920~1930년대 독일의 대표적 출판인의 한 사람이던 브루노 캇실러는 토로하였다. "이 세상에 카페가 존재하지 않는다면 과연 문학을 할 수 있을까. 누구나 카페에서는 일터

와는 전혀 다른 사람으로 변신한다. 그곳에서 자신의 숨겨진 자질을 발견하고 장래의 꿈을 기른다." 사실 카페는 숨겨진 꿈을 안고 내면의 세계를 이리저리 편력하는 보헤미안들의 서식처였다. 그리고 베를린의 황금의 20년대는 그들 방랑자들에 의해 구축되었다. 그 자신 방랑자였던 벤야민은 「한량들의 회귀」라는 글에서 다음과 같이 말한다.

"(베를린의) 이 거리가 시작되는 것은, 우리 한량들이 어슬렁 어슬렁 거닐던 산책이 이제 막 끝났다고 여겨지는 그 시각이다. 그리고 그 산책이 이제까지 한 번도 빛을 보지 못했던 베를린에서 부활하는 것일까. 사람들은 베를린 시민들이 다른 사람이 된 것을 알아야 할 것이다. 수도를 만들었다는 (지난날의) 사람들의 의심스러운 자부는 '(우리 한량들의) 고향 베를린'이라는 애정으로 바뀌기 시작하고 있다."

카페에 드리운 히틀러의 먹구름

그러나 산책과 카페를 즐긴 방랑자들의 시대는 종말에 다다랐다. 어느 저널리스트는 1929년 당시의 로마니셰스 카페를 다음과 같이 묘사하고 있다.

"단골들은 이전에 만났던 이상주의적 보헤미안이 아니라 그들

과는 모습이 다른 보헤미안, 현실적인 보헤미안이다. 시대의 슬로
건인 비즈니스가 그들마저도 사로잡고 있었다. 더 이상 그들은 『일
리아드』를 낭독하거나 3부작 작품을 운율로 고쳐 만든다거나 라파
엘풍의 전원 풍경을 그릴 만큼 별나지 않았다."

이제 사진가, 신문·잡지의 삽화가, 리포터, 사회자, 영화배우가
그들 보헤미안들의 '인생' 목표가 되었다. 그리고 예술과 비즈니스
를 함께 잉태한 그들의 최종적인 물음은 '도대체 몇 마르크나 되느
냐?' 하는 계산이었다. 1920년대 빛과 그림자가 짙게 각인된 바이
마르 공화국을 둘러싼 불확실성의 변주곡에 결산서를 들이댄 것은
갈색의 제복을 입은 침입자들이었다.

히틀러 제3제국의 제복과 장화 차림의 사나이들은 제일 먼저, 그
들이 참을 수 없었던(이쪽도 꼭 마찬가지였지만) 카페를, 자유로운 담
론의 장이자 건방진 보헤미안들의 사랑방인 카페를 덮쳤다. 영국
작가 이셔우드는 『베를린이여 안녕』(1939)에서 다음과 같이 말하고
있다.

"나는 매일밤 기념교회당 가까이에 있는 크면서도 절반은 텅 빈
예술가 카페 로마니셰스에 앉아 있었다. 거기서는 유태인이나 좌익
계 지식인들이 지금도 대리석 테이블에서 이마를 맞대고 불안한 듯
소곤소곤 이야기를 나누고 있다. 자신들에게 체포의 날이 바싹 다
가오고 있음을 많은 사람들이 정확히 알고 있다. 오늘 아니면 내일,
그렇지 않으면 내주에는."

불길한 결판은 업보처럼 다가왔다. 그러면 황금의 1920년대를 누린 그들은 활화산 위에서 춤을 추었다는 말인가. 많은 작가, 예술가들은 불안을 떨쳐버리지 못하면서도 사태의 심각성을 알아차리지 못하였다. 그러한 그들과는 달리 브레히트는, "향락과 타락에 젖은 작가들을 독일에서 추방한다"라는 모토를 내걸고 자행된 '분서(焚書) 사건'(1933년 3월 10일 지금 그때의 베벨광장에는 '책을 불사르는 자는 결국에는 자기를 불태우는 자이다'라는 시인 하이네의 경구가 새겨져 있다) 직후 망명길에 올랐다. 그리고 그 뒤 로마니셰스 카페의 단골들은 거의가 국외 탈출을 선택하지 않을 수 없게 되었다. 단골들을 잃어 빈집이나 다름없던 로마니셰스 카페는 결국 제2차 세계대전 말 베를린 시가전 때 철저히 파괴되고 말았다.

"고맙게도 나는 베를린 태생입니다"

제2차 세계대전에서 문명사상 그 유례가 없을 만큼 최악의 참상을 겪은 베를린에 카페다운 카페가 다시 모습을 나타낸 것은 1970년대 말에 이르러서였다. 전후(戰後) 오랫동안 카페는 베이커리와 비슷하였다. 작가, 예술가들도 한동안 유서깊은 명과점을 만남의 장소로 이용하였다. 해방의 날 바로 문을 연 파리와는 참으로 대조적이다. 그만큼 그들에게 베를린은 여전히 싸움터였을까. 오

카페 아인슈타인 건물에 있는 유명 화랑

늘날 베를린의 카페 문화를 상징하

마를렌 디트리히

는 것은 1978년에 문을 연 '카페 아인슈타인'이다. 그 산파역을 맡은 것은 두 오스트리아인이었다.

그들은 빈의 카페와 베를린의 1920년대 문예 카페를 염두에 두고 쿠담의, 유명한 배우의 몹시 황폐해진 저택을 대대적으로 개축하여 카페와 독일 학술교류회의 화랑을 만들었다. 개점에 즈음해서는 베를린 필하모닉이 사중주를 연주하고 이어서 문학 작품 낭독, 환경보호에 관한 이벤트가 행해지는 등 화려한 화제를 불러일으켰다.

베를린의 카페맨들은 '카페 아인슈타인'의 탄생을 전후(戰後) 베를린 오페라극장의 첫 상연만큼이나 기뻐하였다. 자유 베를린 방송은 매월 1회 '문학 카페' 시리즈를 '카페 아인슈타인'에서 생중계한다. 그리고 독일 제2텔레비전은 베를린 영화제 동안 이 카페를 스튜디오로 이용하고 있다.

빈의 카페를 본받아 고전풍으로 꾸며진 '카페 아인슈타인.' 사진작가와 정치가를 비롯하여 각계의 저명인사들, 그리고 카페의 명성을 익히 알고 찾아오는 여행객으로 언제나 붐비는 '카페 아인슈타인', 별미라는 그곳 커피 맛을 나는 아직 모른다. 몇 해 전 동유럽 여행길에서 1박 한 베를린에서 가장 먼저 찾아간 곳이 '카페 아인슈타인'이었으나 문이 굳게 잠겨 그 앞을 한참 서성거리다가 발길을 돌려야만 했다. 그때의 아쉬움을 말끔히 풀기 위해서도 어서 베를린에 가고 싶다.

냉전과 분열의 상징이던 베를린 장벽이 무너지고 베를린 환도가 이루어진 지도 어느덧 십수 년. '분열된 풍경'은 얼마나 치유되었을까. 어디에선가 분명 상연되고 있을 브레히트의 「빈약한 오페라」를 꼭 한 번 보고싶고, '카페 아인슈타인'과 바로 연결되었다는 화랑 'ADN'의 '화제의 특별전'도 관람하고 싶다. 베를린을 생각하면, 아니 1920년대의 베를린을 생각하면 디트리히의 말이 떠오른다.

"고맙게도 나는 베를린 태생입니다."

프라하, 카페 우니온과 아르코, 슬라비아

"저기에 사후의 명성이"

프라하, 카페 우니온과 아르코, 슬라비아

"그 카페맨은 자기자신 이외의 어디에도 조국을 지니지 않는다."
— 라이너 마리아 릴케

유럽 제일의 아름다운 도시, 프라하

'프라하' 하면 사람들은 무엇을 연상할까. 1968년의 '프라하의 봄', 카프카 혹은 릴케, 그렇지 않으면 밀란 쿤데라의 『참을 수 없는 존재의 가벼움』……. 서양사를 공부한 나는 교회개혁자 요하네스 후스, 14세기 신성로마제국 황제 카를 4세의 수도, 그리고 유럽 중부권 내지 독일어권 최초의 대학인 프라하 대학 등이 떠오른다. 그리고 영화 「프라하의 대학생」도 잊을 수 없다.

그런데 10여 년 전 프라하에 며칠 머문 이후로 이 도시는 내게 새로운 모습으로 각인되었다. 무엇보다도 짙은 갈색 지붕에 황금빛 벽 집들이 마치 동화의 나라에서처럼 사이좋고 아름답게 처마를 잇댄 모습, 그리고 거리 여기저기에 로마네스크, 고딕, 르네상스, 바로크 등 갖가지 양식의 수많은 성당, 수도원, 궁전, 귀족관, 성곽들. 이에 더해 1900년 전후의 아르누보에까지 이르는 장려한 건축군(群).

마치 제1급의 무대감독이 연출한 오페라의 무대가 관객을 매료하듯, 크지도 작지도 않은 도시 프라하는 더 보탤 것 없는 아름다움으로 가득 차 나를 사로잡았다. 참으로 '유럽의 건축 박물관의 거리', '황금의 프라하'라는 찬사에 잘 어울리는 유럽 제일의 아름다운 도시 프라하.

예부터 '백탑(百塔)의 거리', '건축의 보석함'으로 일컬어진 프라하는 또한 유럽의 중앙에 자리잡고 있어, 한때는 신성로마제국의 수도, 동방 무역을 다스린 이탈리아의 베네치아와도 비슷하게 중앙 유럽, 북유럽을 연결한 상업 루트의 중심지로서 큰 번영을 누렸다. 그래서 14~15세기 전성시대에는 파리, 런던, 빈, 베를린보다 더 큰 도시였다고 한다. 당시 유럽에서 프라하보다 거대한 도시는 로마뿐이었다. 그리고 프라하는 또한 보헤미안의 본 고향('보헤미아'는 체코의 서부지방을 가리킨다)! 그리하여 프라하에는 방랑자들의 사랑방인 카페가 많다.

프라하에서 커피가 유행한 것은 18세기 초에 이르러서이다. 그러면서 '카바르타'라고 불린 카페가 차차 시민들의 사교와 담론의 장이 되어 갔다. 20세기에 이르러서는 카페가 작가와 예술가들의 사랑방이 되면서부터 프라하의 카페는 전성기를 누리게 되었다. 파리나 베네치아보다는 2세기나 뒤떨어진 셈이다. 많은 카페 중에서도 특히 '우니온'과 '아르코', 그리고 '슬라비아'가 문인과 예술가의 문예 카페로 유명하였다.

프라하의 중심 거리

예술사 연감에 이름을 새긴 카페 우니온

카페 우니온(Union)에는 작은 대리석 테이블과 소파를 갖춘 몇 개의 크고 작은 방이 있었다. 방에는 환기 장치가 없어 언제나 담배 연기가 자욱했고, 밤이면 천장의 둥근 조명이 방 전체를 비추고 있었다. 1,000년 역사를 자랑하는 고도(古都)의 고귀한 품위에 잘 어울리는 세련된 카페가 거리 여기저기에 생겨난 것은 20세기에 이르러서이다. 우니온은 구태의연한 몰골을 하고 커피 맛도 그저 그랬으나 거리의 중심에 자리잡고 있는데다 작은 모임이 있을 때 독립된 방을 따로 쓸 수 있다는 점이 귀하게 여겨져 중산 계층에 속하는 지식인, 즉 고교 교사, 철학 교수, 학생, 신문과 잡지 편집자들의 사랑방 행세를 할 수 있었다. 특히 우니온은 아방가르드의 사랑방이었다. 예부터 프라하는 미술과 미술가의 거리였다. 프라하 국립미술관과 프라하성(城)의 미술관은 체코의 전통 미술 작품과 함께 유럽 유수의 컬렉션을 소장하고 있다.

우니온은 '예술가들의 집합소'로 불렸다. 그곳에 모여든 전위 화가들, 피카소나 블랙을 마에스트로로 섬기는 젊은 예술가들에 의해 체코 미술의 혁명이 일어났다. '언제나 누군가가 카페 우니온으로부터 파리를 향해 떠났다.' 프라하의 카페는 국내외의 신문·잡지를 갖춘 북카페의 성격이 짙었으나 특히 우니온은 파리로부터 잡지나 새로운 그림이 찍힌 사진이 많아서 모두들 탐내어 달려들었다.

프라하의 어느 카페 홀.
그 거리처럼 단정하고
아름답다.

　　미술가들의 카페 우니온에서는 문인 작가들이 미술가들로부터
미술을 배우고 싶어했다. 체코의 대표적인 작가 중 한 사람은 말하
였다. "우리는 아마도 미술가들이 새로운 표현, 젊은 세대에도 필
요한 새로운 표현에 일찍부터 작가들보다 훨씬 더 가까이 있다고
여기면서 그들의 제자이기를 바랐다." "예를 들어 파리에서 돌아
온 미술가가 카페의 작은 대리석 테이블에서 세잔, 드랭, 푸생의 작
품 구도를 선·각·교점(交點)·황금분할을 써서 그려내고, 마법의
주문이나 새 복음이라도 되듯 거기에 나타난 배열, 형식, 통합, 예술
적 자율, 탈인격화, 초시대성의 원리라도 설명하면 우리는 그의 말

카페에서 하오를 즐기는 신사

에 완전히 정신을 빼앗겨, 문학 활동의 본질에 관해 우리가 품고 있는 불완전한 이미지 속에도 새 미술이 지닌 에토스가 숨쉬고 있음을 느꼈다." 그들 전위 화가들로 하여 카페 우니온은 예술사 연감에 자신의 이름을 새겼다.

미술의 거리 프라하는 또한 뛰어난 작곡가 스메타나와 드보르자크를 낳은 음악의 거리이기도 하였다. 우니온의 명물은 카페의 늙은 주인과 급사장이었는데, 그 두 사람은 단골손님들을 위해 밤마다 레코드 콘서트를 열었다. 밤 9시가 되면 카페의 가장 나이 어린 가르송이 전등에 불을 당기고 그라모폰의 축음기에서는 음악이 흘러나왔다.

우니온의 단골 중에는 훗날 노벨문학상을 받게 되는 시인 세이페르트(Jaroslav Seifert)도 있었다. 그는 훗날 다음과 같이 회상하였다. "카페 우니온에서는 담론이 벌어지고, 기획이 짜였으며, 논쟁이 불붙었다. 그리고 에로틱한 잡지 『파리의 생활』이 손에서 손으로 건네져 그것이 2~3일 지나면 전투 뒤의 연대기(聯隊旗)처럼 너덜거렸다." 그리고 또 한 사람의 단골이던 『병사 슈베이크의 모험』(1921~1922)의 필자인 하셰크는 카페 구석 테이블에서 언제나 마감에 쫓기듯 원고를 쓰고 있었다. 날마다 돈에 궁했던 것이다. 체코가 낳은 이 국제적인 작가는 우니온의 수석 급사장과 각별한 우정을 맺고 있었다. 급사장은 가끔 원고를 쓰고 있는 하셰크에게 농을 걸었다. "블랙커피나 호밀빵 이야기도 소설에 간간이 써주십시오. 당신이 진정한 작가임을 저도 알게 말입니다." 이 급사장에게 있어 작가란 카페맨이어야 했던 것이다.

'파테라'라고 불린 이 급사장은 모든 손님으로부터 사랑을 받았다. 특히 가난한 예술가들이 그를 좋아하였다. 언제나 외상이 통하고 영영 그것을 독촉하는 법이 없었기 때문이다. 유명해진 하셰크가 10여 년 만에 우니온에 들렀을 때 그에게 물었다. "아직 나를 기억하고 있는가?" 급사장은 주저없이 대답하였다. "네, 물론입니다. 선생님은 아직 저에게 포도주 한 병의 외상이 있습니다."

유럽의 유서 깊은 카페에는 반드시 명물 급사장이 있게 마련이다. 그는 예의 바르고 박식해야 하며 그에 더해 외상에 관대하고 그러면서도 그것을 오래도록 정확히 기억하는 재능이 있어야 한다. 우니온의 그 급사장이 작고했을 때 프라하의 신문들은 일제히 "예술가와 문인, 저널리스트, 그리고 정치적으로 장래성이 있는 사나이들의 후원자"에 대해 호의에 찬, 긴 추도문을 실었다.

카프카와 그의 산책길 '카페 아르코'

프라하에서 '카페 아르코'는 우니온과 비길 만한 명문 문예 카페이다. 우니온이 주로 체코계의 예술가, 작가들의 사랑방인 데 비해 아르코는 독일어권에 속한 문인, 예술가, 독일어계의 신문 편집자

들로 언제나 부볐다. 단골 문인 중에는 베를린을 중심으로 활동을
한 저널리스트이며 작가인 키슈, 유대계의 독일의 소설가이자 시인
인 베르페르, 카프카, 막스 브로트도 섞여 있었다. 카프카는 체코인
이면서 유대계 독일어 작가였으며 표현주의 문학을 대표한 베르페
르와 브로트 또한 프라하 태생의 독일계 작가이다.

여기에서 아름다운 프라하가 지닌, 결코 외면할 수 없는 속사정
에 대해 언급하여야 할 것이다. 카프카(1883~1924)의 시대, 프라하
인구는 23만, 그 중 독일어를 쓰는 독일계는 약 3만 2,000, 그 중에
서도 유대계가 과반수를 넘었다. 그들은 대개가 부유한 상층 계급
에 속하여 도심에 살고 있었다. 대개가 하층 계급에 속한 체코인은
물론 체코어를 사용하였다. 보수적인 독일계와 민족적 민주주의적
인 체코계는 엄격히 구별되고 대립하였다. "체코인과 독일인은 일
이외에는 사귀고자 하지 않았다."(키슈의 말) 그리고 그들의 중간에
자유주의적인 소수 중간 계층이 존재하였다. 예부터 풍요롭고 쾌적
한 곳으로 일컬어진 아름다운 프라하는 심각하게 분열된 도시였으
며 그만큼 미래를 예측할 수 없는 갖가지 부조리와 불안을 안고 있
었다. 이러한 사정은 카프카의 작품 세계에서 더욱 부각되었다.

20세기 전반 프라하의 작가, 예술가들은 체코, 독일, 유대계 그리
고 그에 더해 오스트리아라는 '네 개의 샘'에서 태어나 서로 뒤섞
였다. 카페는 그들이 핏줄의 '불편'을 저버리고 만날 수 있는 가장
좋은 장소였다. 아르코의 단골이며 차페크와 더불어 체코 문학을

대표하는 랑케르가 말하였듯이 카페는 체코와 독일 사이의 복잡 미묘한 담을 헐어버리는 데 크게 기여하였다. 모두들 카페에서만은 하나같이 자기 자신을 유럽인으로 의식하였다. 그러한 사정을 프라하와 카페 아르코를 무척 좋아하였던 독일 작가 케스텐은 다음과 같이 들려준다.

"여기 아르코에 있는 프라하 학파의 동아리들은 저마다 신(神)들과도 전화로 통화할 수 있다. 모두가 신비적인 세계 상징을 지닌 카페 예술가들이다." "그들의 욕망의 대상도 거의 카페에 걸터앉았다. 그들에게는 전세계가 프라하처럼, 프라하가 전세계처럼 여겨졌다. 대개가 모라비아(이탈리아의 소설가), 프로이트, 그리고 극소수가 라인의 천재 마르크스와 혈연을 맺었다."

히틀러의 제3제국이 태동하면서 작가 브레히트, 토마스 만의 아들 클라우스 만, 화가 코코슈카를 비롯한 많은 작가와 예술가가 망명지로 프라하를 선택하고 그들 또한 제일 먼저 찾은 곳은 아르코였다. "벗이여, 저기에 사후(死後)의 명성이 있다"고 카페 아르코의 문인들을 풍자한 것은 오스트리아의 극작가이며 비평가인 카를 크라우스였다. 카페 아르코의 또 하나의 자산은 유럽의 주요 일간지와 정기 간행물, 예술 잡지를 언제나 볼 수 있다는 기쁨과 수석 급사장 헤어 포크타의 매력이었다. 그러나 아르코는 카프카의 단골 카페로서 오늘날 더욱 유명하다.

보헤미안의 도시 프라하는 당연히 많은 카페맨을 낳았으며 스스

로를 '도시의 인디언', '열락적(悅樂的) 산책가'라고 말한 카프카는
보헤미안 중의 보헤미안, 카페맨 중의 카페맨이었다. 카프카는 저
녁이 되면 공원과 골목길을 배회하는 것을 일과처럼 여겼다. 그의
산책로는 옛 궁정과 시청사가 있는 코지광장 주변이었다. "내 인생
은 이 작은 원 속에 갇혀 있소." 그곳은 바로 그의 세계였다. 카프카
는 자신이 태어난 프라하를 무척 좋아하였으며 평생 프라하를 떠난
적이 거의 없었다. "프라하는 나를 붙들고 놓아주지 않는다."

그러나 그의 프라하는 얼마나 부조리에 가득 찬 세계였던가. 카
프카는 프라하를 경계선상의 분열된 나라로 체험하였다. "고독과
공동 사회 사이에 있는 이 경계선상의 나라를 나는 극히 드물게만
넘어섰을 뿐이다. 그뿐만 아니라 나는 고독 그 자체 속에서보
다도 이 국경의 나라편에서 더 많이 살아왔다. 그에 비하면

16세기에 지어진, 성 포수
들이 살던 집으로, 카프카도
이곳 22번 집에서 살았다.
원 안은 카프카의 초상

프라하 국립미술관에 소장된 브뤼겔의 「시골 풍경」

로빈슨의 고독한 섬은 얼마나 신선한 아름다운 나라인가."(1921년 10월 29일 일기에서)

독일계 유대인이면서 체코 국민으로 태어난 그 자신의 부조리한 삶의 구조, 일정한 모국이 없다는 카프카의 치열한 부재(不在)의 의식을 같은 프라하 태생의 시인 릴케로부터도 우리는 뜨겁게 감지한다. 카프카와 거의 동시대의 이 편력의 시인은 토로하였다. "그 카퍼맨은 자기자신 이외의 어디에도 조국을 지니지 않는다."

전체라는 부조리한 힘을 감당해야 할 인간 개체의 실존적 불안과 고독, 혈통으로부터도 평생 이방인을 면치 못했던 카프카는 글을 씀으로써 자신의 정체성을 찾고자 하였던가. 그는 일기에도 집착하였다. "나는 이제 이 일기를 떠나지 않을 것이다. 바로 이 일기에 나는 매달려야 한다. 그 까닭은 그 밖에 내가 매달릴 수 있는 것이란 아무것도 없기 때문이다."(1910년 12월 16일 일기에서)

카프카의 산책 끝의 기항처는 카페였다. 그는 카페 사보이에서는 연극 구경을 즐기고 아르누보 양식의 에브로파 호텔 내 2층으로 이루어진 카페에서는 가끔 자신의 작품을 낭독하였다. 당시 프라하에서 제일 큰 카페이며 독일계 시민의 사교장이던 콘티넨탈도 그가 즐겨 찾던 카페였다. 카프카는 카페에서 많은 시간을 보낸 뒤 밤에야 집에 돌아와 누구의 방해도 받지 않고 그가 '가장 동경하는 글 쓰는 일'에 몰두할 수 있었다.

카프카가 가장 즐겨 찾던 카페 아르코. 그가 1919년 가을, 그의 연인 미레나를 처음 만난 곳도 바로 아르코였다. 은행원의 아내였던 미레나는 카프카의 작품을 체코어로 번역하기로 기대하고 그 일로 카프카와 만났다. 그 무렵 그녀는 파탄으로 향하고 있던 결혼생활을 청산하기로 마음먹고 있었다. 다음해 봄 카프카는 그녀에게 한 통의 편지를 보냈다. 그 글에서 그는 두 사람의 만남에 대해 "지금 문득 생각해 보니 솔직히 말하여 나는 당신 얼굴을 하나하나 세세하게 떠올릴 수가 없습니다. 단지 카페 테이블 사이를 스쳐간 당신의 모습, 당신의 옷차림만이 아직도 눈앞에 선합니다"라고 말하였다. 저널리스트이며 번역가이기도 한 13세 연하의 미레나와 미완으로 끝난 연애는 이 실존주의 작가에게 처음으로 '사랑'을 주제로 한 필생의 대작 『성(城)』을 낳게 해주었다.

화해의 샘, 카페 슬라비아

카페 우니온과 아르코에 이어 프라하를 대표하는 또 하나의 카페로서 우리는 '슬라비아(Slavia)'를 들어야 할 것이다. 1870년경에 문을 연 네오로마네스크 양식의 라잔스키 궁전 일층에 자리잡은 슬라비아는 문예 카페 중에서도 세련되고 우아한 최고급 카페였다. 시내를 관통하는 블타바 강변 옛 프라하성을 굽어보며 아름다운 풍광을 즐길 수 있는 카페 슬라비아, 그곳은 교양인의 사교장이자 체코

칼 브리지에서 바라본 프라하의 황혼

인의 정신적 저항의 사령탑이었다. '체코 모더니즘'이 선언되고 국립극장장인 스메타나가 오페라 「팔린 새색시」(1866)를 작곡한 곳도 슬라비아였다. 그리고 주목할 것은 거기에서는 체코어와 독일어가 서로 담론을 나누었다. 슬라비아는 말하자면 이민족 간의 귀한 화해의 샘이었다. 카페 슬라비아에 대해서는 그곳 단골이던 릴케의 귀중한 언급이 있다.

"연극이 끝나면 그들은 언짢은 표정을 짓고 슬라비아에 모여든다. 그리고 인사를 나눌 때에는 상대방을 배려하여 서로 미소를 짓는다. 그들의 옷차림은 어딘가 지나치게 우아하든가, 그렇지 않으면 아무렇게나 한 데가 있어 보인다. 언뜻 보아서는 무엇이 그들을 하나로 묶고 있는지 알 수 없었다. 그러다가 커피나 포도주, 맥주를 몇 잔 마시고 난 뒤 그들이 입에 올리는 과장된 언사들, 밤이 깊어지면서 더 많이 그리고 더 격렬히 토해내는 과장된 언사에 유사점이 있음을 알게 된다. 그들의 열정이 격렬한 것 이외에 아무것도 아님을, 그들이 자기들의 상상력 이외에는 무엇 하나 공유하지 않음을 알게 된다."

프라하의 1920년대는 참으로 카페의 '벨 에포크', 좋은 시절이었다. 어느 유명한 배우는 그 시절을 추억하며 그의 자서전에 다음과 같이 기술하였다.

"당시 우리는 모두 카페를 극진히 평가하였다. 어느 카페의 어느 테이블에서 누구와 만나게 될지 나는 언제나 알고 있었다. 그렇게

카페 슬라비아 내부 모습

나는 문학이나 미술의 대가를 알게 되었고 많은 화가와 조각가들을 만났다. 아직도 배우가 화가의 전람회에, 화가가 극장에 오고 가는 시대였다."

그러나 1930년대에 들어서면서 아무도 원치 않았던 파시즘과 전쟁의 광풍이 프라하에도 휘몰아쳤다. 그리하여 유서 깊은 카페들이 연이어 문을 닫고 단골이던 작가, 예술가들은 숨어버리거나 체포당하고 혹은 망명길에 오르는 등 뿔뿔이 흩어졌다. 프라하에서 카페의 황금시대가 종말을 고한 것이다. 지난날 프라하를 더욱 빛냈던 명문 카페들은 대개가 전쟁으로 인해 자취를 감추고 지금은 갖가지

시련을 이겨낸 슬라비아만이 남아 있다.

　카프카에 관해 한마디 보태면 지난해 그의 사후 80년을 기념하여 프라하 시는 유대인 거주 지역에서 가까운 곳에 그의 동상을 세웠다. 그의 생가 앞 작은 광장은 '프란츠 카프카 광장'이라고 불리며 그의 이름을 딴 기념관 그리고 레스토랑도 있다.

부다페스트, 카페 제르보와 뉴욕

도나우강에 흐르는 커피향

부다페스트, 카페 제르보와 뉴욕

*"인생에서 일어날 수 있는 모든 일이 카페에서 벌어지고
있었다. 카페에는 갓 태어난 아기까지 있었으니."*

정념의 도시 부다페스트의 카페 거리

몇 해 전 오스트리아 빈에 며칠 머무르면서 하루 이틀 틈을 내 찾
아간 부다페스트의 첫 인상은 장려하고 현란하여 마치 클림트의 화
집을 펼쳐보듯 눈부셨다. 도시의 한복판을 뚫고 흐르는 도나우강,
그 강을 가운데에 끼고 언덕(부다)과 평야(페스트)가 절묘한 조화를
이루며 광장과 거리거리에 펼쳐진, 동서양이 뒤섞인 마자르풍 미학
의 파노라마! 빈 거리의 가라앉은 바로크풍 분위기와는 또다른 부
다페스트의 경관은 순식간에 나를 들뜨게 하였다.

일찍이 15세기 이탈리아 사람들은 "유럽에 세 개의 방울진주가
있다. 물의 베네치아, 언덕의 부다(페스트), 평야의 피렌체이다"라고
하였던가. 그러나 부다페스트는 물(도나우강)과 언덕(부다)과 평야
(페스트)를 두루 갖추고 있다. 현대 프랑스의 시인이며 소설가인 쥘
로맹도 그 아름다움을 찬탄하였다.

부다페스트의 중심 거리

"도나우 강변의 부다페스트와 센 강변의 파리는 강 풍경이 너무도 아름다운 거리이다. 그중에서도 부다페스트는 유럽에서 가장 아름답다. 유럽에는 크고 작은 아름다운 도시가 많지만 도시 전체를 색색으로 짙게 물들인 그 오묘한 미학에 있어 베네치아와 더불어 부다페스트에 비길 곳이 또 어디에 있을까."

그러나 부다페스트가 찬탄만 누린 것은 아니다. 저명한 건축가 르 코르뷔지에는 젊은 시절(1911년) 잠시 들른 부다페스트의 인상을 다음과 같이 토로하였다.

"이해할 수도, 사랑할 수도 없었건만 왜 나는 부다페스트에 관해 이야기하고자 할까. 여신(女神)의 육체에 머문 나병처럼 비친 도시, 이 수정 불가능한 결함 투성이 도시를 한눈에 보기 위해서는 성곽에 올라가야 한다. 과장되고 기만적인 형태가 낳은 무질서가 이 거리를 괴이한 것으로 만들어버렸다. 공공 건축의 거대함을 찬미하는 사람이 있다. 이질적이고 상반된 양식의 진열에 충격을 받은 나로서는 그것을 결코 받아들일 수 없다. 그것들은 강을 따라 들어서 있으나 강과 조화로운 풍경을 만들고자 한 배려는 전혀 느낄 수 없다."

부다페스트는 그 매혹으로부터 좀처럼 사람을 풀어주지 않는 비밀스럽고 이국적인 정념의 거리이다. 그에 비길 거리를 찾는다면 베네치아가 떠오른다. 오스트리아의 어느 여류작가는 빈에서 헝가리 작가들을 앞에 두고 강연할 때 "1㎢에 가장 많은 시인과 작가를

낳은 나라의 대표자이신 여러분 반갑습니다" 하고 인사했다고 한
다. 이 정념의 메트로폴리탄은 참으로 시인과 작가의 거리이기도
하였다. 그러므로 부다페스트는 또한 카페의 거리이기도 하다.

　1892년 오스트리아-헝가리 제국의 황제 프란츠 요제프는 부다
페스트가 빈과 동격임을 선포하였다. 그렇듯 부다페스트는 빈과 더
불어 제국의 또 하나의 수도였다. 그러나 부다페스트는 빈과는 달
리 외견상으로나 정신적으로 활기에 넘치는, 유럽의 수도 중 가장
젊은 수도였다. 어느 헝가리의 자유주의자는 20세기 전후를 회고하
여 "소국(小國)의 역사상 달리 유례를 찾아볼 수 없는, 그처럼 행운
을 누린 시대"라고 말하였다.

　당시 인구 70만의 부다페스트에는 663개의 카페가 있었다. 부다
페스트는 파리나 빈과 어깨를 나란히 하는 카페의 거리이다. 아시
아계 유목민족의 후예들은 유럽의 어느 곳보다도 앞서서 오리엔트
의 '검은 수프' 맛을 즐겼다. 1541년 이래 부다페스트를 점령한 터
키군이 욕장(浴場)과 커피를 즐기는 풍속을 가져다준 것이다.

　부다페스트의 초기 카페를 대표한 것은 민족주의적 서정시인 페
터피(1823~1849)의 추억과 깊이 얽힌 '카페 필바쿠스'였다. 그러나
부다페스트 카페 문화의 황금기는 19세기 세기말과 제1차 세계대
전 발발 이전, 즉 부다페스트의 이른바 '벨 에포크'였으며 그것을
대표한 것은 '카페 제르보'와 '카페 뉴욕'이었다.

부다페스트의 도심 속 시민들 모습

부다페스트의 샹제리제, 카페 제르보

카페 '제르보(Gerbeaud)'는 부다페스트의 샹제리제로 불린 패션의 거리, 귀족적 클럽들이 늘어선 안드라시가(街)에 자리하고 있는, 빈 양식의 아름다운 카페이다. 그것은 원래 귀족, 기업가들, 정치가 및 상류층의 숙녀들이 출입한 사교적 고급 카페였다. 그러다가 1884년 스위스 제네바 태생의 과자상 에밀 제르보가 사들여 명과점-카페로 신장개업 하면서 중산 시민들도 드나들 수 있게 되고, 작가나 예술가들도 출입하게 되었다. 그런데 작가나 예술가들은 다른

세기말 부다페스트의 광장.
마차와 정류장이 보인다.

카페에서처럼 담론하기 위해서가 아니라 '제르보 특제'의 크림을 넣은, 쓴맛 나는 케이크나 프랑스풍의 향기로운 초콜릿을 맛보기 위해서 제르보에 드나들었다.

카페 제르보의 테라스

　주인 제르보는 레몬 케이크 색깔이 마음에 들지 않으면 케이크를 양손으로 부숴버리는 장인 기질의 사람이었다. 제르보의 명과(銘菓)는 유럽 여러 나라의 상류층 가정에 퍼지고 그 명성에 힘입어 부다페스트는 빈에 비길 '케이크의 수도'라는 명성을 얻었다. 제르보는 과자 만들기의 예술가이자 뛰어난 기업가였을 뿐만 아니라 세련된 카페맨이며 사교가였다. 그의 카페에서는 백작일지라도 금연해야 했으며 귀부인일지라도 홀에서 머리를 손질할 수 없었다.

제르보는 크리스마스가 되면 손님들에게 봉봉과자나 작은 코끼리 인형, 파리에 주문해 만든 미니어처 바이올린이 걸린 작은 전나무를 선사하였다. 또 초콜릿 공방을 차려 개점 몇 해 뒤에는 약 100명의, 1914년에는 350명의 종업원을 거느릴 만큼 발전하였다. 카페이기에 앞서 제르보는 아무래도 명과점이라는 인상이 더욱 강하다. 하지만 아마도 유럽 최대의, 우아한 카페의 하나였음이 틀림없다. 제르보는 초콜릿 제조의 공을 평가받아 프란츠 요제프(황제)상을 받고, 1900년 파리 만국박람회에서는 제과업의 업적으로 프랑스로부터 레종 도뇌르 훈장을 수여받았다. 헝가리 태생의 작가 한스 하베는 그의 소설 『헝가리안 댄스』에서 1920～1930년대의 카페 제르보와 부다페스트에 관해 다음과 같이 말하고 있다.

"도나우 강변의 아름다운 거리는 사회적·정치적인 갈등의 나날을 보낸 빈보다 훨씬 더 많은 군주시대의 기쁨을 누렸다. 빈은 1918년에 훌륭한 19세기와 고별하였으나 부다페스트는 반은 향수에 젖은, 반은 자기 기만적인, 영광스러운 과거의 환상에 흔들리고 있었다. 그러나 오랜 준비 기간을 겪으면서 마자르인의 특성인 당돌함으로 필경 과거와의 결별을 맞게 되었다. 1938년 부다페스트는 그 결별의 물가에 놓여 있었다. 바로크 궁전에서의 흥겨운 댄스 파티와 더불어 콘서트 홀의 큰방에서는 옷 스치는 소리가 나는 파티가 열리고 있었다. 파리의 세련된 패션을 도나우 강가까지 들여온 모든 살롱은 우아한 부인들로 붐볐다. 제르보 명과점은 벨벳으로 된

붉은 의자, 당당하게 서비스하는 가르송, 마호가니 선반 속의 종이로 만든 우편마차와 함께, 넓고 넓은 세 개의 방에 값비싼 초콜릿 향기가 은은하게 흐른다. 제르보에서는 아침부터 상류층 사람들이 서로 만나기로 약속하는 곳이다. 그러나 낯선 사람이 보기에는 어쩐지 이상하게 여겨졌다. 무거운 벨벳의 붉은 칸막이 커튼이, 이 황금의 과거 세계가, 실제의 절박한 현실과는 너무나 동떨어진 인상을 주기 때문이다.”

주인인 제르보는 1919년에 작고하고 그 부인이 이어받아 경영하였다. 제르보 부인이 세상을 떠났을 때 부다페스트의 어느 신문은 다음과 같은 애도의 글을 실었다.

“생크림 같은 백발의, 비단옷을 입은 그녀는 이제 언제나 앉았던 자리(카운터)에는 없다. 카푸치노가 품위 있는 도자기 컵에 정해진 대로 담겼는지, 초콜릿을 담은 은쟁반이 제대로 닦여 있는지를 체크하던 그녀는 이제 없다.”

카페 제르보의 황금기의 종말은 부다페스트의 벨 에포크의 황혼을 뜻하였다. 이제 우리는 ‘카페 뉴욕’을 찾아가자.

호화로운 살롱, 카페 뉴욕

카페 뉴욕은 부다페스트의 문학 카페 중에서도 제일로 꼽힌다.

그리고 유럽의, 아니 전세계의 카페 중에서 아마도 가장 호화롭고 아름다운 카페일 것이다. 카페 뉴욕은, 미국의 뉴욕보험회사가 부다페스트에 지점을 열면서 세운 '뉴욕팰리스' 건물 안에 있다. 뉴욕팰리스는 저명한 건축가가 설계한 건물인데, 그 이름을 따 이 카페를 '카페 뉴욕'이라 부르게 되었다.

카페 뉴욕이 1894년 가을에 문을 열었을 때 부다페스트 시민들은 그 호화로움에 모두 눈을 휘둥그렇게 뜨고 찬탄해 마지않았다. 높은 대리석 기둥, 그리스신화의 신들을 그린 천장의 프레스코화, 금빛으로 장식된 거울, 줄지어 나란히 선 브론즈상. 세기말 우아한 아르누보 양식의 케이크 쇼케이스와 카운터, 호화로운 가구 집기, 카펫과 테이블, 의자와 커튼, 이 모두를 베네치아제 샹들리에가 색색으로 부드럽게 비춰준다. 어느 건축가는 건물과 실내의 모든 재료가 '문화유산에 알맞은 것'이라고 칭찬하였다.

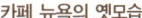
카페 뉴욕의 옛모습

카페 뉴욕의
화려한 내부 모습

　이 호화스러운 살롱의 개점 기념 파티가 한창일 때 초대 경영자
는 카페의 열쇠를 헝가리의 극작가이며 배우인 몰나르에게 넘겼다.
몰나르는 들뜬 친지들과 함께 도나우강까지 마차를 몰고 군중의 박
수갈채 속에 엄숙한 표정으로 열쇠를 강물에 던졌다. 카페 뉴욕이
영영 문 닫는 일이 없기를 기원하면서.

　훗날 국제적 명성을 얻는 몰나르는 자주 "서재는 부다페스트, 객

실은 빈, 식당은 파리, 침실은 베네치아"라고 말하였다. 그는 저녁
이 되어서야 잠에서 깨어나 카페 뉴욕에 들러 '아침'을 먹고 마시
며 담론하고 음악을 들으면서 새벽까지 집필하였다. 그의 대표작
일부는 카페 뉴욕에서 쓰여졌다. 하루는 주문한 수프에 파리가 떠
있었다. 몰나르는 가르송을 불러 말하기를 "이보게, 다음부터 파리
는 다른 접시에 가져오게. 필요한 만큼 수프에 넣을 터이니."

  카페 뉴욕은 건물의 두 층을 쓰고 있었다. '깊은 바다'로 불린 아
래층에는 보헤미안 타입의 가난한 작가, 예술가들이 삼삼오오 모여
들었다. 언제나 빈털터리인 어느 유머 작가는 "가불 없이 문학은
없다"고 호언장담하였다. 그의 말은 '깊은 바다' 단골들의 슬로건
이 되었고 그러한 그들에게 카페 뉴욕은 화끈하게 돈을 빌려주었
다. 그뿐만 아니라 가난한 그들을 위해 '작가 전용' 특별 메뉴까지
만들어 푼돈으로 빵과 소시지를 듬뿍 먹을 수 있게 하였다.

  한편 위층 홀은 이미 이름이 잘 알려진 작가들의 살롱이었다. 헝
가리 문학은 20세기에 들어오면서 서서히 민족주의적 낭만주의를
주조음으로 한 국민문학의 전통에서 벗어나 서유럽 문학으로 기울
기 시작하였다. 그 중심 인물은 프랑스 상징파의 영향 아래 참신한
작품을 연이어 발표하여 젊은 작가들의 존경을 한몸에 받아온 시인
아디(Ady Endre, 1878~1919)였다. 그의 주재 아래 1908년 문예지 『서
양(Ngugat)』이 창간되었다. 카페 뉴욕이 문학 카페로서 범유럽적으
로 크게 주목을 받게 된 것도 헝가리 문학사상 기념비적 의의를 지

닌 『서양』이 바로 그곳에서 편집되었기 때문이었다. 『서양』을 무대
로 창작 활동을 펼친 시인 바비츠, 코스토라니, 소설가 모리츠, 몰나
르 등 근대 헝가리 문학을 대표하는 작가들은 모두 카페 뉴욕의 단
골이었다.

부다페스트 카페들, 그 영광과 시련

새로운 문학 언어를 창조하여 국민적 시인으로서 오늘날에도
존경받는 아디는 또한 헝가리 사회를 상징적 시어(詩語)로써 비판

문학 카페에 모인
작가와 예술가들

한 혁명의 시인이기도 하였다. 그는 헝가리의 후진성을 "아직 경작되지 않은 황무지"로 비유하고 부유한 지배계급과 금권정치를 "돼지머리를 한 주인"으로, 그리고 자유와 해방을 "공작"으로 상징하였다.

헝가리가 낳은 뛰어난 작곡가 버르토크도 아디의 시작품에 곡을 붙였다. 한때 아디는 카페 뉴욕의 단골이기도 하였으나 카페가 너무 호사스럽다는 이유로 카페 뉴욕을 경원하면서 멀리하였다. 그 대신 뒷골목의 선술집 같은 누추한 카페-레스토랑 '세 마리의 까마귀'에 매일밤 죽치고 앉아 있었다. 하루는 젊은 철학자 루카치가 아디를 찾아 '세 마리의 까마귀'에 들렀다가 그곳의 더럽고 누추한 분위기에 혐오감을 느껴 총총히 돌아갔다고 한다.

카페의 낙서

유서 깊은 카페에는 훌륭한 경영자와 명물 가르송이 있게 마련, 카페 뉴욕의 제2대 주인은 대단한 문학 애호가였다. 그가 가난한 작가들을 위해 베푼 호의에 관해서는 앞에서 말한 바, 그의 배려로 카페 뉴욕에는 『팔라스 대백과사전』(전16권)을 비롯한 각종 사전류와 자료가 언제나 갖추어져 있었다. 그리고 가르송들은 모든 작가의

작품과 그들이 좋아하는 음식에 대해서도 잘 알고 있어 특별히 지명하지 않아도 좋아하는 커피와 함께 종이 그리고 잉크를 갖다 놓곤 하였다. 카페 뉴욕에서는 문예지 『서양』 이외에도 신문이나 영화 잡지도 편집되었다.

훗날 '런던 필름'을 창설하는 헝가리 태생의 영국 영화 제작자 코르디 경, 그리고 영화 「카사블랑카」의 감독인 헝가리 태생의 마이켈 커티스도 한때는 카페 뉴욕의 단골이었다. 뉴욕 가까이에는 화가들의 단골 카페 '쿤스트할레', '야판', 저널리스트와 상류층 시민들이 즐겨 찾은 '카페 오퍼', 나이 많은 작가나 대학교수들의 단골 카페 '쇼도리' 등이 처마를 잇대고 있어 카페맨들을 즐겁게 하였다. "인생에서 일어날 수 있는 모든 일이 카페에서 벌어지고 있었다. 카페에는 갓 태어난 아기까지도 있었으니"라고 어느 작가는 말하였다.

호화로운 인테리어의 카페 헝가리아

우리는 부다페스트를 떠올릴 때 20세기 유럽 지성사를 빛낸 그곳 출신의 일군의 지식인들을 간과할 수 없다. 20세기 최고의 맑스주의 이론가의 한 사람인 루카치를 비롯하여 사회학자인 카를 만하임, 미술사가 아르놀트 하우저를 중심으로 많은 지식인들이 일요일 오후에는 작가이자 영화이론가인 발아즈의 집에 모였다. '일요서클'이라고 불린 그들의 단골 카페는 '헝가리의 빛'이었다. '헝가리의 빛'은 또 마를렌 디트리히 주연의 「푸른 천사」, 그레타 가르보 주연의 「니노치카」의 원작을 쓴 렌젤이 부다페스트에 첫발을 내디뎠을 때 제일 먼저 찾은 곳이기도 하였다.

그들 이외에도 부다페스트는 19세기 말 전후에 작가 아서 케스틀러를 비롯하여 많은 지식인들을 배출하였는데 그들 대부분은 유대계의 중산계급 출신이었다. 그들은 1918년의 부르주아 민주주의 혁명, 1919년의 사회주의 혁명에 실패하자 좌절한 끝에 대개 서유럽으로 망명하였다.

당시 부다페스트의 카페 문화를 더욱 세련되게 업그레이드한 새 풍속도는 여인들이 카페에 드나들기 시작했다는 사실이다. 생활을 멋스럽게 즐기고 교양과 문화가 꽃피는 시대는 여인들의 시대이다. 부다페스트의 여인들도 파리나 빈의 여인들처럼 모드와 패션 그리고 신지식으로 자기를 치장하기 시작하였다. 당시 한 고명한 작가는 "세련된 이 거리는 왕후의 창부처럼 되어버렸다"며 여인들의 바깥출입에 한숨지었다고 하지만 "여성들도 카페에 가게 되었다!"

고 한 화가가 풍자하였듯이, 예전에는 명과점에만 드나들던 여성들이 남성의 안내 없이 자유롭게 카페에 드나들었다. 이에 맞춰 카페들도 파리에서 보내온 패션잡지를 갖춘 여성 전용 코너를 만들기도 하였다.

강대국에 둘러싸인 헝가리의 역사만큼이나 카페 뉴욕도 우여곡절을 겪으며 오늘에 이르렀다. 즉 그곳은 제2차 세계대전 중 폭격에 의해 큰 피해를 입어 한때 문을 닫았다. 그러다가 공산당 치하에서는 이름을 빼앗겨 '헝가리아'라고 개칭하였다. 1956년에는 부다페스트에 침입한 소련군의 포격에 의해 건물이 파괴되기도 하였다. 그 암울한 나날 속에서 카페 뉴욕은, 좋았던 지난 세월을 회상하며 '기적을 기다리는 모든 사람들이 모이는 장소'가 되었다. 지금은 다시 옛 이름 '뉴욕'을 찾아 지난날의 아름다움으로 세계의 카페 애호가들을 손짓하고 있다.

한편 카페 제르보는 공산당 치하에서 한때 국유화되었다가 빼앗긴 이름도 1984년에 이르러서야 다시 되찾아 손님들을 맞아들이고 있다. 그러나 그 손님들은 예술과 문학을 논하는 카페맨이 아니라 대개가 집시음악을 즐기는 관광객들이다.

찾아보기

작품명

책을 마무리하며

여행의 기쁨 가운데 하나는 낯선 거리에서 좋은 카페를 만나는 즐거움이다. 그 즐거움은 유럽 여행의 경우 더욱 각별한 것만 같다.

유럽에는 크고 작은 도시 어디에 가도, 인적이 드문 마을 골목에서조차도 카페가 환히 눈에 띈다. 언제부터였을까. 옛 성당이나 미술관, 서점들을 찾아다니다가 잠시 숨을 돌릴 양으로 들른 카페의 멋스러운 정경에 새삼 끌린 것은.

계절은 언제라도 좋다. 따사한 하오, 카페 테라스에 앉아 지나가는 사람들을 무심히 쳐다보면 그들의 일상 풍속과 함께 그 거리의 심상 풍경이 들여다보인다. 어디 그뿐일까. 파리의 플로르나 베네치아의 플로리안에서 보듯이 유럽에는 시대를 이끈 선구자들의 자유의 공방(工房)과 같은 카페, 혹은 문학과 예술사에 기록되는 문예카페가 적지 않다. 그 카페들에는 으레 작가와 예술가, 사상가와 혁명가들의 애환이 담긴 이야기들이 또한 적지 않다.

사교와 놀이 그리고 담론이라는 유럽풍 삶의 상징과도 같은 문화 공간, 그 카페들을 들여다보면 그때그때의 시대의 표정과 그리고 유럽이 보인다.

그러한 생각을 지니며 여기저기의 카페를 찾아다니고 카페에 관한 책들을 가까이 한 지도 근 20년, 그간에 메모한 노트를 정리하여 『월간미술』에 일 년여에 걸쳐 '유럽 카페 기행'을 연재한 지도 2~3년 된다.

이제 그 글들을 다듬고 보태어 한 권의 책으로 꾸미게 되니, 새삼 '좋은 카페'란 무엇일까 하고 생각해 보게 된다.

좋은 카페란? 그것은 사람마다, 취향에 따라 다를 테지만 집 가까운 곳 이웃에 혹은 자주 거니는 산책길에 들를 수 있는 자기만의 카페가 있다면 그곳이 가장 좋은 카페이며 그것만으로도 하나의 축복이 아닐까 싶다.

끝으로 본서의 출간에 수고한 열대림의 정차임 사장에게 심심한 감사를 드리며 또한 『월간미술』에 대해서도 감사의 마음을 전하고 싶다.

2005년 11월 분당 문구방(文丘房)에서
이광주